열 길 물속보다
더 깊은 마음속을
속속들이 파헤치는
심리교실

재미있게 제대로 26
열 길 물속보다 더 깊은 마음속을 속속들이 파헤치는 심리 교실 강현식 글·홍성지 그림

1판 1쇄 펴낸날 2017년 4월 25일 | **1판 3쇄 펴낸날** 2018년 7월 16일 | **펴낸이** 이충호 | **펴낸곳** 길벗어린이㈜ | **등록번호** 제10-1227호
등록일자 1995년 11월 6일 | **주소** 04000 서울시 마포구 월드컵북로 45 에스디타워비엔씨 2F | **대표전화** 02-6353-3700
팩스 02-6353-3702 | **홈페이지** www.gilbutkid.co.kr | **총괄** 권혁환 | **편집1팀** 송지현 최미라 | **편집2팀** 이은영 김연수 임하나
디자인 서정민 | **마케팅** 유소희 김서연 김형주 황혜민 손성문 | **총무·제작** 최수용 손희정 임희영
ISBN 978-89-5582-389-9 73180

글 ⓒ 강현식, 그림ⓒ 홍성지 2017
이 책은 저작권법에 따라 보호받는 저작물이므로, 저작권자와 길벗어린이㈜의 허락 없이는 이 책의 내용을 쓸 수 없습니다.

이 책의 국립중앙도서관 출판예정도서목록(CIP)은 서지정보유통지원시스템 홈페이지(http://seoji.nl.go.kr)와
국가자료공동목록시스템(http://www.nl.go.kr/kolisnet)에서 이용하실 수 있습니다. (CIP 제어번호 : CIP2017006159)

열 길 물속보다 더 깊은 마음속을 속속들이 파헤치는 심리 교실

강현식 글 | 홍성지 그림

길벗어린이

머리말

모든 사람을 위한
심리학을
소개합니다

저는 이름이 두 개입니다. 하나는 부모님께서 지어 주신 '강현식'이고, 또 다른 하나는 '누다심'이라는 이름입니다. 누다심은 '누구나 다가갈 수 있는 심리학을 꿈꾸는 이'의 준말이죠. 이런 이름을 쓰게 된 이유는 심리학에 관심이 있는 사람은 많지만, 정작 심리학에 대해 제대로 아는 사람은 많지 않기 때문이에요. 심지어 심리학을 다른 사람의 속마음을 읽는 독심술과 비슷한 것이라 여기는 사람들도 있습니다.

하지만 심리학은 인간의 마음과 행동을 과학적으로 연구하는 학문입니다. 우주 과학자는 우주를 연구하고, 생물학자는 생명체를 연구합니다. 화학자는 화학물질을, 물리학자는 물리 현상을 연구하듯이 심리학자는 사람의 마음과 행동을 연구하는 과학자랍니다. 사람들의 마음과 행동에도 법칙과 원리가 있으니까요. 이렇게 연구한 결과를 바탕으로 학교에서는 교육 과정을 짜고, 상담 센터는 사람의 마음을 치료하

며, 기업에서는 사람들의 마음을 끄는 물건을 만듭니다.

뿐만 아닙니다. 부모님들은 자녀 양육에 심리학 지식을 활용할 수 있고, 학생들은 심리 법칙을 이용해 효율적인 학습 계획을 짤 수 있답니다. 무엇보다 자신이나 주변 사람들을 이해하는 마음으로 바라볼 수 있으며, 삶의 중요한 순간에 후회 없는 결정을 내리는 데 도움을 얻을 수 있죠. 또한 다른 사람들 말에 휩쓸리지 않고 자신이 진정 원하는 것이 무엇인지 알아차리는 데 도움이 될 수도 있고, 주변 사람들의 불행과 불화가 자신의 탓이 아닐까 쓸데없이 자책하는 일도 피할 수 있습니다.

그래서 저는 사람들에게 심리학을 널리 알리는 일을 하고 있습니다. 그동안은 주로 어른들을 대상으로 했지만 두 아이의 아빠가 되고부터는 어린이들도 심리학을 알면 좋겠다는 생각을 하게 됐습니다.

요즘은 심지어 유치원에서부터 왕따가 있다고 합니다. 이처럼 누구를 따돌리는 현상에도 심리 법칙이 작동합니다. 이 책에서도 설명한 '동조 현상'입니다. 동조 현상에 대해 잘 알고 있다면 친구에게 상처를 주는 따돌림 행동에 대해 다시 생각하게 되지 않을까요? 또 왕따를 당하는 입장에서도 이런 행동이 동조 현상 때문임을 안다면 다른 대처 방법을 찾을 수도 있을 것입니다. 이렇게 어린이들의 삶 역시 심리학과 밀접하게 연결되어 있습니다.

물론 이 책으로 심리학의 모든 내용을 알 수는 없습니다. 하지만 이 책을 통해 여러분이 사람의 마음과 행동에 조금이라도 관심을 가지게 된다면 저는 행복할 것 같습니다.

심리학이 여러분의 삶을 더욱 풍성하게 만들기를 바랍니다.

차례

머리말 4

용어 풀이 134

재미없는 여름방학 9

사람여행을 떠나다 13

첫 번째 여행지, 마트 18

준거 가격의 비밀 26

아빠의 직업 31

눈치, 봐야 할까요? 38

무엇이든 쓰기 나름 48

거꾸로 하고 싶은 마음 55

병원의 심리학자 60

지능에 대한 오해와 진실 65

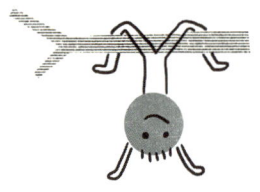

마음도 아플 수 있단다 72

심리학은 뇌과학 79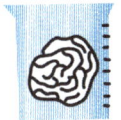

 심심함이라는 고통 86

심리학과 독심술의 차이 93

잘되면 내 탓, 안되면 남 탓 98

함께 놀아야 제맛 103

스마트폰을 심리학자가 만든다? 109

친구가 괴롭혀요 115

공감적 이해와 진솔함 122

삶의 목적은 성공 아닌 성장 129

재미없는 여름방학

여름방학이 시작된 지 일주일, 초등학교 6학년 선호와 4학년 선율이는 불만이 가득합니다. 재미있는 방학을 기대했는데 신나는 일이라고는 생기지 않습니다. 선호가 불만을 터뜨립니다.

"아, 더워. 아, 심심해. 정말 덥고 심심해서 미칠 것 같아."

"맞아. 방학이 이게 뭐야. 재미있는 일이 하나도 없잖아. 그런데 오빠, 정말 심심하면 미칠까?"

"넌 또 무슨 뚱딴지 같은 소리야. 날도 더운데 너까지 답답한 소리 할래?"

"왜 짜증을 내? 정말 궁금하단 말이야. 나중에 아빠한테 물어봐야지."

선율이와 선호가 티격태격하자 엄마가 안쓰러운 표정으로 말을 건넵니다.

"그렇게 심심하면 나가서 놀면 되잖아."

"누구랑 놀아요? 다들 방학이라고 학원에 다닌단 말이에요."

선호의 말에 엄마도 고개를 끄덕입니다. 요즘 아이들은 학원이다 과외다 바빠서, 아파트 놀이터에도 학교 운동장에도 아이들은 코빼기도 보이지 않습니다.

"그럼 너희도 학원에 다닐래? 심심해서 몸부림치는 것보다는 친구들이랑 학원에서 같이 공부하는 것이 낫지 않을까?"

"엄마, 아무리 심심해도 집이 낫죠. 좁은 학원 교실에서 시키는 공부만 하고 있을 생각을 하면 숨이 막혀요."

"그래, 그럴 줄 알았다. 그럼 어떡하면 좋을까? 우리 집 휴가는 아직 2주나 남았는데 말이야."

이때 현관문 열리는 소리에 모두가 놀라 쳐다봅니다. 벨도 울리지 않고 현관문이 열린다는 것은 아빠가 왔다는 이야기니까요. 아빠가 대낮에 집에 오는 건 정말 드문 일입니다.

"아빠!"

선율이가 먼저 아빠에게 달려가서 안깁니다. 선호도 엄마도 반가운 마음으로 아빠에게 달려갑니다. 세 사람은 마치 준비나 한 듯 동시에 묻습니다.

"아니, 어쩐 일이에요? 이런 시간에 집에?"

"이렇게 대대적으로 기뻐해 주니 일찍 온 보람이 있네. 모임이 취소돼서 이렇게 빨리 왔지!"

"여보, 아이들이 심심하다고 난리예요."

"맞아요. 방학인데 집은 너무 덥고, 친구들은 다 학원에 있고, 우린 너무 심심해요. 아빠, 우리 좀 살려 주세요!"

"아, 하긴 집에 오는 길에 봤는데 애들이 하나도 안 보이더라."

아빠의 말에 선호가 얼른 끼어듭니다.
"아빠, 방학인데 우리랑 좀 놀아 주시면 안 돼요?"
아빠는 잠깐 스마트폰으로 스케줄을 살피더니 밝은 얼굴로 말합니다.
"그럼, 내일 아빠랑 같이 갈까? 후배를 만나러 가야 하거든. 그 일은 시간이 얼마 안 걸릴 테니까 그다음에 같이 놀이공원에 가자!"

"야호! 좋아요!"

선호와 선율이는 입을 모아 환호성을 질렀습니다. 엄마도 아이들 못지않게 기뻐했지요.

"나도 내일은 휴가네. 얘들아, 아빠 덕분에 내일은 우리 모두가 즐겁겠다."

사람여행을 떠나다

다음 날 아침, 선호와 선율이는 마음이 들떠 일찍 일어나서 벌써 나갈 준비를 마치고 식탁에 앉았습니다. 식사를 하는 중에 아빠가 아이들에게 말합니다.

"얘들아, 오늘 하루를 더 특별하게 보내는 방법으로 이름을 붙여 보면 어떨까?"

"이름요? 누구 이름을 지어요?"

선율이가 아빠를 말똥한 눈으로 쳐다보면서 묻자, 선호는 기다렸다는 듯이 선율이에게 면박을 줍니다.

"넌 왜 그렇게 눈치가 없니? 사람 이름이 아니고, 오늘 아빠와 함께하는 특별한 날이니까 이름을 붙이자고 하시는 거잖아. 학교에서 가는 여행을 '수학여행', 결혼하고 가는 여행을 '신혼여행'이라고 하는 것처럼."

"그래, 오빠 잘났어."

선율이는 입이 댓발 나와 투덜거립니다. 아빠는 얼른 말을 이어 갑니다.

"맞아. 선호가 말한 것처럼 오늘을 좀 특별하게 기억했으면 좋겠어서 말이야. 선율아, 어떤 이름이 좋을까?"

"눈치도 없는 제가 무슨 생각이 있겠어요."

"선율이가 기분이 상했구나. 그래도 아빠는 이름을 지어 보면 좋겠는데. 오늘 같은 기회가 자주 있는 건 아니잖아. 선호 네 생각은 어때?"

"저도 좋아요. 그런데 마땅한 이름이 떠오르지 않아요."

"나는 '사람여행'이라고 하고 싶은데 어때? 오늘 아빠랑 같이 심리학에 대한 공부를 해 보면 좋을 것 같아서 말이야. 심리학은 사람의 마음과 행동을 연구하고, 사람이 겪는 마음의 문제를 해결하거나 사람이 더 행복하게 살 수 있도록 돕는 학문이거든. 오늘 만날 아빠 후배도 심리학자인데, 너희들에게 재미있는 이야기를 해 주실 거야."

"맞다! 아빠 심리학자였지. 그런데 심리학이 그런 거였어요?"

선율이의 뜬금없는 이야기에 모두 웃음을 터뜨립니다.

"아빠, 그럼 오늘 사람에 대해 공부하는 거예요? 그냥 놀이공원에 가서 노는 줄 알았는데……."

6학년이 되어 공부에 스트레스를 받기 시작한 선호의 표정이 어두워집니다.

"어이구, 우리 선호가 갑자기 울상이 됐네. 걱정하지 마. 사람공부가 아니라 사람여행이야. 여행은 즐겁고 재미있는 거잖아? 아빠랑 하루 종일 같이 여행을 하면서 즐겁고 재미있게 지내면 돼. 단, 재미있게 놀되 평소보다 조금만 더 '사람'에 관심을 가져 보자는 거지."

선율이가 의심의 눈초리로 되묻습니다.

"정확히 뭐에 집중하라는 건지 잘 모르겠지만, 암튼 저는 오늘 즐겁게 노는 데 집중하면 되는 거죠?"

"그래, 나머지는 아빠에게 맡겨."

식사를 마친 선율이와 선호는 화장실에서 양치를 하면서 또 실랑이를 벌이고, 부모님은 식탁을 치우고 설거지를 합니다.

마음이 급한 선율이는 벌써 현관에서 신을 신고 빨리 가자고 재촉입니다. 이때 현관 벨 소리가 울립니다. 선율이가 현관문을 열었더니 같은 아파트에 살고 있는 승주가 서 있습니다.

"선율아, 오늘 같이 놀기로 했잖아. 연락이 없어서 와 봤어."

깜짝 놀란 선율이가 다급한 마음에 엄마에게 달려갑니다.

"엄마, 나 어떡하지? 승주랑 오늘 놀기로 한 걸 깜빡 잊고 있었어."

"선율아, 친구를 밖에 세워 두면 안 되지."

엄마는 승주를 안으로 들어오게 합니다. 선호는 안방에서 옷을 갈아입는 아빠에게 달려갑니다.

"아빠, 선율이가 오늘 친구랑 놀기로 약속을 했었대요."

"그래? 그럼 우리 약속은 어떻게 하지?"

어리둥절하게 서 있는 승주, 승주 앞에서 어쩔 줄 모르는 선율이, 난감한 표정의 아빠와 선호. 모두가 어정쩡하게 서로 얼굴만 쳐다보고 있는 상황에서 엄마가 설명을 합니다.

"승주야, 선율이가 약속을 깜빡 잊고 있었나 봐. 오늘 선율이랑 선호는 아빠랑 함께 나들이를 하기로 했거든."

"아, 저는 오늘 선율이랑 놀려고 다른 할 일을 모두 미뤘는데……."

승주가 처량한 얼굴로 말끝을 흐립니다. 엄마가 다시 제안을 합니다.

"그럼 이건 어때? 승주 부모님에게 전화를 해서 설명을 드리고 승주도 오늘 여행을 같이 가는 거야. 승주야, 어떠니?"

엄마의 제안에 아빠와 선호, 선율이는 물론 승주까지 모두 좋다고 고개를 끄덕입니다. 엄마는 승주 엄마에게 전화를 걸어 설명을 했고, 승주

엄마는 여행을 허락했습니다.

"야호! 신난다."

선율이는 자기 때문에 벌어졌던 위기 상황이 해결되자 신이 나서 하늘로 튀어오를 기세입니다.

"자, 이제 사람여행 출발해 볼까?"

"네!"

세 아이들은 아빠와 함께 신나게 현관문을 나섭니다.

첫 번째 여행지, 마트

현관문을 나선 아이들은 신이 나서 떠들며 아빠를 따라갑니다. 그런데 아빠가 주차장으로 가는 것이 아니라 아파트 정문으로 향하는 것이 아니겠어요?

"아빠, 우리 지금 어디로 가요? 차 타고 가는 게 아니에요?"

"오늘은 지하철을 탈 거야. 그 전에 잠깐 갈 데가 있으니 따라오렴."

아빠는 말을 마치고 앞장서 갑니다. 어디를 가는 거냐고 물어도 대답 없이 웃기만 합니다. 그렇게 5분 정도 걸어서 도착한 곳은 대형 마트입니다. 맛있는 군것질거리가 가득한 마트는 아이들이 가장 좋아하는 장소 중 하나입니다.

"자, 오늘의 첫 번째 여행지는 바로 여기야."

"아저씨, 마트에서 대체 무슨 여행을 하나요?"

승주의 질문에 아빠는 승주와 눈을 맞추며 친절하게 대답을 합니다.

"그래, 좋은 질문이야. 오늘 여행의 테마는 사람이거든. 마트는 물건을 사고파는 곳이니까, 여기를 잘 살펴보면 아주 흥미로운 사실을 발견할 수 있단다."

"아빠, 아무튼 지금은 과자가 먹고 싶어요. 사 주실 거죠?"

선율이가 아빠에게 매달립니다. 아빠가 한쪽 팔을 쭉 뻗어 마트 문을 가리키며 큰 소리로 외쳤습니다.

"좋아! 단, 아빠 지갑 사정을 고려해서 한 사람당 과자 1개, 음료수 1개씩만. 출발!"

아이들은 환호성을 지르면서 마트 안으로 뛰어 들어갑니다. 선율이와 승주가 함께 다니면서 과자와 음료를 고르기도 하고, 선호가 함께 다니기도 합니다. 아빠도 아이들과 함께 혹은 따로 다니면서 좋아하는 과자를 고릅니다. 그러던 중 승주가 아빠 옆으로 다가옵니다.

"아저씨도 과자를 드세요?"

"응, 아저씨도 좋아하는 과자가 있거든. 승주도 골랐니?"

"고르기가 좀 어려워요. 아저씨가 사 주신다고는 했지만, 너무 비싼 과자를 고르면 아저씨께 죄송할 것 같아서요."

"그럼 아저씨랑 같이 골라 볼까?"

아빠와 승주는 함께 과자 진열대로 갔습니다. 진열대에는 정말 어마어마하게 과자가 많았습니다. 단지 수만 많은 것이 아니라 종류까지 다양합니다. 같은 이름의 과자인데도 매콤한 맛, 달콤한 맛, 묘한 맛, 끝내주는 맛 등 다양한 맛이 나와 있습니다.

멀리서 과자를 고르던 선율이와 선호가 아빠와 승주에게 다가옵니다.

"아빠, 뭐 하세요?"

"승주랑 같이 과자 고르고 있지. 너희들은 다 골랐니?"

"저는 들어오자마자 결정했는데 선율이는 아까부터 계속 이거 들었다 저거 들었다 난리예요."

선율이는 거의 울상입니다.

"아빠, 저는 딱 하나만 고르는 게 너무 힘들어요. 집 앞에 있는 편의점에서는 이렇게까지 고민을 오래 하지 않는데, 이렇게 큰 마트에는 종류가 너무 많아서 뭘 골라야 할지 모르겠어요. 종류가 많으면 고르기가 너무 힘들어요."

"넌 진짜 이상한 애야. 그게 뭐가 힘들어. 좋아하는 거 고르면 되지."

"하하, 전혀 이상하지 않아. 당연한 거야."

"그게 당연하다고요? 선택할 수 있는 종류가 많으면 좋은 거 아니에

요? 전 아빠가 '짜장면 먹자.'고 할 때보다 '짜장면 먹을래, 돈가스 먹을래?' 할 때가 더 좋단 말이에요."

선율이의 말에 승주도 맞장구를 칩니다.

"저도요. 짜장면과 돈가스 두 개 중에서 고를 때보다 짜장면과 돈가스, 그리고 김밥이랑 쌀국수 중에서 고르는 게 더 좋아요. 그러니까 고를 수 있는 종류가 많으면 더 좋은 거잖아요. 마트에는 엄청나게 많은 과자가 있으니 당연히 더 좋아야 하는 거 아닌가요?"

"일리 있는 말이야. 선택할 수 있는 기회가 없을 때보다 선택이 가능할 때 사람은 행복을 느끼니까. 그럼 선택지가 많아지면 행복감이 무한대로 증가할까? 내가 재미있는 실험 이야기를 들려주마. 이리 따라와 봐."

아이들은 귀를 쫑긋 세우고 따라갑니다. 아빠는 과자 진열대 옆 빵집에 있는 잼 판매대로 갔습니다.

"어느 심리학자가 실험을 했어. 시식 코너에 잼을 맛볼 수 있는 부스

21

두 개를 설치했지. 첫 번째 부스에는 6종류의 잼을 놓고, 또 다른 부스에는 24가지 잼을 진열했어. 너희 같으면 어떤 부스에 가서 잼을 시식할래? 첫 번째? 두 번째?"

아빠의 질문에 세 아이들은 약속이나 한 듯 한목소리로 대답합니다.

"두 번째요!"

"그래, 실제로 그 실험에서도 지나가는 고객의 60퍼센트가 두 번째 부스에서 시식을 했고, 이보다 적은 40퍼센트의 사람이 첫 번째 부스에서 발길을 멈췄어. 사람들은 원하는 잼을 모두 먹어 볼 수 있었지. 시식에 참여한 사람들에게는 잼을 구입하면 1달러, 우리 돈으로 대략 천 원을 할인받을 수 있는 쿠폰을 줬어. 실제로 잼을 얼마나 많이 구입하는지 알아보기 위해서였지. 다시 문제를 내 볼게. 어느 부스에서 시식했던 사람들이 잼을 더 많이 구입했을까?"

두 번째 질문에 아이들은 선뜻 대답을 하지 못합니다. 선호가 어렵게 말을 시작합니다.

"예전 같으면 당연히 두 번째 부스에서 잼을 시식한 사람들이 많이 샀을 거라고 대답했을 텐데, 지금은 잘 모르겠어요."

"그래, 실제 결과도 그랬어. 첫 번째 부스에서 시식했던 사람들은 비교적 쉽게 잼을 골랐지만, 두 번째 부스에서 시식했던 사람들은 잼을 구입하기 위해 이 잼 저 잼 계속 시식을 하고, 같이 온 사람과 무슨 맛을 사면 좋을지 상의하기도 했어. 많은 사람들이 10여 분 동안 그렇게 서성거리다가 빈손으로 떠났단다. 더 구체적인 수치로 말해 줄까? 6가지 잼 부스에서 시식했던 사람들 중에서는 30퍼센트가 잼을 구입했지만, 24가지 잼 부스에서 시식했던 사람들은 불과 3퍼센트만 잼을 구입했지."

"정말요? 엄청난 차이네요."

선율이는 눈이 휘둥그레졌습니다. 승주가 물었습니다.

"아저씨, 이 실험으로 뭘 알아보려는 거예요?"

"그래, 이제 우리의 이야기로 돌아오자. 이 실험을 진행했던 심리학자들은 선택지가 너무 많아서 선택하기가 어렵다면 선택지를 줄여 보라고 제안했어.

선택지가 많을 경우 사람들이 고민에 빠지는 이유는 후회하지 않을 선택을 하기 위해서 비교해야 할 대상이 너무 많기 때문이야. 숙제가 많아지는 기분이라고 하면 이해가 되지?"

"그러니까 엄청나게 많은 과자를 다 두고 고민하기보다는 먼저 6개 정도를 고른 후에, 그중에서 1개를 고르면 되겠네요. 쉽네!"

"그래 맞아. 하지만 선택지가 많다고 모두가 스트레스를 받는 것은 아니야. 늘 최고의 선택을 하고 싶어 하는 사람이 주로 스트레스를 받지. 이런 사람을 극대화자라고 해."

"그럼 선율이는 극대화자네요. 그런데 사람들은 누구나 최고를 원하지 않나요?"

승주가 이해가 되지 않는다는 듯 물었습니다.

"맞아. 많은 사람들이 최고를 원하지. 하지만 누구나 최고가 될 수는 없잖아. 그래서 나름의 기준을 가지고 최선을 다한 후, 자신의 선택에 만족하는 사람들도 있단다. 이런 사람을 만족자라고 해. 말이 좀 어렵지? 간단하게 말하면 최고를 추구하느냐, 최선을 추구하느냐의 차이야."

"선택지가 많으면 최고의 선택을 하기 위해 많은 선택지를 꼼꼼히 비교해야 하니 스트레스도 커진다. 그러니 먼저 선택지를 줄이고, 자기 선택이 최선이라 생각하고 결과에 만족하는 것이 좋다는 말씀이죠?"

"그렇지!"

선호가 고학년답게 잘 정리했습니다. 선율이는 평소 오빠와 자주 티격태격하지만 오빠의 이런 모습은 어쩐지 자랑스럽습니다.

"승주야, 우리 오빠 잘난 척이 좀 심하기는 하지만 아주 쪼끔 똑똑하긴 하지?"

선율이의 말에 모두들 한바탕 웃었습니다.

준거 가격의 비밀

모두 과자와 음료를 골라 계산대로 갔습니다. 계산대에서 아빠가 뒤를 돌아보니 선호와 승주는 있는데 선율이가 보이지 않습니다. 이리저리 둘러보니 선율이는 계산대에서 좀 떨어져 있는 진열대를 유심히 보고 있습니다.

"선율아."

아빠의 목소리에 선율이도 쳐다봅니다. 그런데 선율이는 아빠를 보고도 달려오기는커녕, 되레 자기 쪽으로 오라고 손짓을 합니다. 세 사람은 선율이에게 갑니다.

"무슨 일이니?"

"아빠, 궁금한 것이 있어서요."

"또 뭐가 궁금해졌니?"

"진열대에 놓인 물건 가격을 보니까 이상한 점이 있어요. 할인 행사 상

품이라고 적혀 있는 물건의 가격표에는 금액이 두 개가 적혀 있어요. 여기 보세요."

선율이의 손을 따라 아빠와 선호, 승주는 가격표를 쳐다보았습니다. 세탁 세제 코너에 할인 행사 상품이라고 써 있는 상품의 가격표는 두 개였습니다. 비싼 가격에는 빨간 줄로 가위표가 되어 있었고, 그 아래 싼 가격이 적혀 있었습니다.

"맞아, 나도 늘 궁금했어. 왜 가격 표시를 이렇게 복잡하게 할까?"

승주도 맞장구를 칩니다.

"그래, 아주 좋은 질문이야. 공부할 거리를 하나 더 찾아냈네."

하지만 눈을 반짝이며 설명을 기다리는 선율이와 승주와는 달리 선호는 얼굴 표정이 안 좋습니다.

"선호야, 뭐가 마음에 안 드는 일이 있니? 얼굴 표정이 안 좋네."

"아, 좀 짜증이 나요. 빨리 놀이공원에 가고 싶은데, 선율이는 꼭 이럴 때 쓸데없는 걸 물어봐서 시간을 끌잖아요."

"이게 왜 쓸데없는 거야! 모르니까 물어보는 게 잘못이야?"

"선율아, 마음을 가라앉혀 봐. 선호가 어떤 뜻으로 그런 말을 했는지 끝까지 들어 보자."

"물론 저도 궁금하기는 해요. 하지만 지금은 다른 일이 더 급하잖아요. 그걸 꼭 지금 물어봐야 하는 건 아니잖아요."

"그래, 그랬구나. 승주도 선율이가 질문한 것 때문에 답답했니?"

"아니요. 하지만 저는 오빠 마음도 이해는 돼요. 저도 빨리 놀러 가고 싶거든요. 그런데 선율이도 기분이 나쁠 것 같아요. 쓸데없다는 말은 누가 들어도 기분 좋은 말은 아니니까."

"그럼 이제 어떻게 하면 좋을까?"

"둘이 서로 사과하면 좋을 것 같아요."

"선호랑 선율이는 어때?"

"저도 잘못한 것 같아요. 선율아, 쓸데없다고 말한 건 내가 심했어."

선율이는 아직 화가 덜 풀린 듯했지만, 오빠의 사과에 고개를 끄덕였습니다.

"일부러 늑장을 부린 건 아니야. 정말 궁금해서 그랬어. 하지만 시간이 늦어진 건 나도 미안."

"자, 이제 선율이가 물어본 것에 대해 아빠가 잠깐 이야기해 주고 싶은데, 선호야, 괜찮겠니?"

"대신 너무 길지 않게 설명해 주시면 좋겠어요. 전 빨리 여기서 나가고 싶어요."

"그래. 사람들은 어떤 현상을 판단할 때 그와 비교할 만한 대상이 있으면 더 빠르게 판단하는 경향이 있단다. 가격도 그렇지. 만약 어떤 물건을 파는데 행사 상품이라고만 하고 할인된 가격을 적어 놓으면, 도대체 얼마를 할인하는 건지 알 수 없잖아. 그리고 물건 값이 원래 비싸다면 할인을 해도 싸게 느껴지지 않을 테니까. 그래서 판매자들은 소비자들에게 '이렇게 많이 할인하고 있습니다.' 하고 알려 주기 위해서 할인 전의 정상 가격에 가위표를 한 후, 할인 가격을 표시하는 전략을 쓴단다. 이렇게 현재 가격의 비교 대상이 되는 가격을 준거 가격이라고 해."

"그렇다면 아저씨, 이럴 수도 있지 않아요? 원래 가격이 1000원인데 할인 행사라고 해 놓고서는, 1500원에 가위표를 한 후 아래에다 1000원이라고 쓸 수도 있잖아요."

승주의 질문에 아빠는 놀란 눈치입니다.

"아니, 어떻게 그런 생각을 했니?"

"저희 엄마가 마트에서 종종 이런 이야기를 하시거든요. 할인 행사라고 와서 보면 전혀 할인이 아니고 눈속임을 한다고요."

"그래, 맞아. 소비자의 심리를 악용하는 일부 판매자들이 그런 전략을 쓰기도 하거든. 그래서 마트에 올 때는 자신에게 꼭 필요한 것이 무엇인지를 생각하고 와야지, 그렇지 않으면 이런 심리전략에 속기가 쉬워."

선호도 이해가 된다는 듯이 고개를 끄덕이다가 한마디 거듭니다.

"그럼, 아빠 이런 것도 비슷한가요? 저는 선율이가 너무 얄미울 때가 있거든요. 아까처럼요. 그런데 한번은 친구의 동생 이야기를 들었는데, 그 친구 동생은 선율이랑 비교도 안 될 정도로 제 친구를 괴롭히더라고요. 그 이야기를 들으니 갑자기 선율이가 천사처럼 느껴지긴 했어요."

"맞아. 그런 것도 같은 이치라 할 수 있지. 우리는 어떤 현상을 판단할 때 있는 그대로 판단하기보다는 비교하기를 좋아해. 물론 사람을 비교하는 것은 좋지 않아. 사람은 물건이 아니니 어떤 모습이든 있는 그대로 존중받아야 하거든. 뭐 그렇기는 한데 선호가 선율이를 천사라고 하니 아빠도 기분이 좋네."

"거봐, 나 같은 동생도 드물다고. 이 정도면 천사지 천사."

오빠와 아빠의 말에 기분이 으쓱해진 선율이가 제일 먼저 계산대로 뛰어갑니다. 아빠와 선호, 승주도 질세라 달려갑니다.

아빠의 직업

출근 시간이 지난 평일 오전이라 그런지 지하철에는 자리가 많이 있었습니다. 아빠와 세 아이들이 함께 나란히 앉았습니다. 자리에 앉자마자 승주가 말을 꺼냅니다.

"아저씨, 우리 지금 어디로 가요?"

"놀이공원에 가기 전에 아저씨 후배를 만나러 행복대학교에 간단다."

"저는 대학교에 한 번도 못 가 봤어요. 재미있을 것 같아요. 그런데 아저씨는 무슨 일을 하세요?"

"하하, 승주가 보기에는 어떤 일을 하는 사람 같니?"

"음, 마트에 대해 잘 아시는 걸 보면 마트 직원이 아닐까 생각해 봤어요."

"하하, 아주 그럴듯한 추리인데? 하지만 정답은 아니란다. 아저씨는 심리학을 연구하는 심리학자야."

"심리학자요? 심리학이 뭔데요?"

"심리학이란 사람을 연구하는 학문이야. 수학이나 우주과학은 어떤 학문인지 알지? 수학은 수의 원리에 대한 공부고, 우주과학은 우주의 원리에 대한 공부라면 심리학은 사람의 심리, 즉 사람 마음과 행동의 원리에 대한 공부야. 조금 더 자세히 말하자면 외부의 정보를 어떻게 받아들이고 처리하는지를 연구한단다."

조금 어려울 수도 있는 아빠의 이야기에 승주는 귀를 기울입니다.

"그런데 아저씨, 사람의 마음과 행동에도 정해진 원리가 있나요? 사람은 모두 자기 마음대로 생각하고 행동하지 않나요? 선호 오빠랑 선율이,

그리고 저는 다 다르잖아요."

"이야, 승주가 아주 어려운 질문을 하는걸? 이런 질문은 고등학생들도 하기 어려운데 말이야."

"아빠, 무슨 이야기예요?"

승주와 아빠의 대화에 선율이가 끼어듭니다.

"아빠가 하는 일에 대한 이야기를 하고 있었어. 선율이한테 질문을 하나 해 볼까? 사람의 마음과 행동을 결정하는 어떤 법칙이 있을까? 예를 들면 지구가 태양 주변을 도는 자연의 법칙처럼 말이야."

"없는 것 같아요. 사람은 자기 하고 싶은 대로 하잖아요. 원하는 대로 말하고, 원하는 대로 행동하고. 하지만 해가 자기 마음대로 떴다 안 떴다 하지는 않으니까요."

옆에서 조용히 이야기를 듣던 선호도 대답합니다.

"제 생각은 좀 달라요. 아까 아빠가 마트에서 설명해 주셨던 이야기를 생각해 보면 사람들의 마음과 행동에도 분명 법칙이 있는 것 같아요."

아빠는 얼른 승주를 쳐다보면서 고개를 약간 끄덕였습니다. 승주에게도 대답할 기회를 주기 위해서죠.

"저는 선율이 말도 일리가 있고, 선호 오빠 말도 일리가 있는 것 같아

요."

"그래, 사람의 모든 마음과 행동이 어떤 원리와 법칙에 따라서만 이루어지는가에 대해서는 여러 의견들이 있어. 하지만 분명히 원리와 법칙은 있단다. 아까 마트에서도, 그리고 바로 지금 너희들 사이에서도 어떤 법칙을 찾을 수 있어. 선율이의 대답에 선호는 반대 의견을 냈지. 그리고 승주는 이번에도 둘 사이를 중재하려고 했고. 이런 패턴은 너희에게서만 독특하게 나타나는 것이 아니라 나이와 장소, 시대와 문화를 막론하고 나타나는 현상이야."

"아, 저희 부모님도 그래요. 엄마 말에 아빠는 거의 반대를 하거든요. 아빠가 먼저 의견을 낼 때는 엄마가 반대를 하고요. 그러다 엄마 아빠 사이에 싸움이 날 것 같으면 저는 재빨리 중간에 서요."

아빠와 승주가 대화를 하는 동안 선호와 선율이는 머쓱하게 있었습니다. 속마음을 들켜 버린 기분이었습니다. 실제로 선호와 선율이는 누구보다 가까운 남매지만, 어떤 때는 서로에게 지고 싶지 않아 반대를 위한 반대를 하는 경우도 많았으니까요.

"그런데 심리학을 공부하면 무슨 일을 할 수 있어요?"

승주의 질문에 선율이가 나서서 대답합니다.

"우리 아빠는 상담도 하고 사람들에게 심리학 강의도 하고 책도 써. 아빠, 제가 정확히 알고 있죠?"

선율이는 아빠와 승주를 번갈아 보면서 흐뭇한 표정을 지었습니다.

"선율이가 아빠 직업에 대해 이렇게 잘 알고 있는 줄 몰랐는데? 아빠가 조금만 더 설명하자면, 심리학에도 여러 분야가 있어. 심리학자는 분야에 따라 하는 일이 전혀 다르단다. 아저씨는 상담심리라는 분야를 전공해서 상담 치료를 하지만 산업 및 조직심리 분야를 전공한 심리학자는 기업에서 일을 해. 어떤 사람을 직원으로 뽑을지, 직원들에게 어

떤 교육과 훈련을 시킬지, 그리고 어떤 일을 맡겨야 생산성이 가장 높을지를 연구하고 결정하는 일에 참여하지. **범죄심리**를 전공한 심리학자는 경찰이나 검찰 같은 국가기관에서 일을 해. 범인의 심리를 연구해서 범인을 검거하거나 조사하는 데 기여하게 되지. 사람들의 마음과 행동에 연관된 것이라면 무슨 일이든 심리학자들이 참여할 수 있어. 우리의 삶 곳곳에서 심리학자들이 연구한 결과들이 적용된단다. 어때? 심리학자들의 활동 영역이 이렇게나 다양한 줄 몰랐지? 계속 이야기해 줄까?"

아빠는 신이 난 듯 목소리 톤도 높아졌습니다. 그리고 아이들이 '네, 재미있어요. 심리학자라는 직업이 무척 궁금해요. 더 말해 주세요!' 하고 말하기를 기대하는 눈치였죠. 하지만 아이들은 이제 딴청을 피우기 시작합니다. 승주는 하품을 했고, 선율이는 출입구 앞으로 가서 지하철 노선도를 살펴봅니다. 선호 역시 옆자리에 앉은 어린아이에게 귀엽다면서 말을 겁니다. 아빠는 이럴 때 얘기를 더 해 봐야 아이들 귀에는 전혀 들리지 않을 거라는 걸 너무 잘 알고 있습니다.

그때 건너편에 서 있던 아주머니가 들고 있던 쇼핑백을 떨어뜨렸습니다. 바닥이 터지면서 안에 있던 짐들이 지하철 바닥으로 쏟아졌습니다. 아주머니는 깜짝 놀라서 어쩔 줄을 몰라하며 물건을 주워 담기 시작했습니다. 자리에 앉아 있던 사람들도 놀라서 아주머니를 쳐다보기는 했지만, 누구 하나 선뜻 일어나서 아주머니를 돕는 사람은 없었습니다.

"얘들아, 우리가 도와드리자."

아빠는 자리에 앉아있는 아이들에게 말했고, 선호와 선율이, 승주까지 일어나 여기저기로 흩어진 짐들을 주워 아주머니에게 가져다주었습니다.

"아, 정말 고마워요. 정말 착한 학생들이네요."

"아닙니다. 도움이 되었다니 저도 기쁩니다."

선율이가 제법 진지한 표정으로 점잖은 척하면서 말을 하는 바람에 모두 한바탕 웃음이 터졌습니다.

눈치, 봐야 할까요?

　아빠와 아이들은 지하철에서 내려 출구로 올라가는 에스컬레이터를 탔습니다. 사람들 몇 명이 오른쪽에 한 줄로 타고 있었고 아빠와 선호, 승주도 오른쪽으로 탔습니다. 그런데 선율이가 에스컬레이터 왼쪽 줄, 바로 아빠 옆에 서서 질문을 던졌습니다.

"아빠, 병원에서 오래 있어야 해요? 놀이공원에 빨리 가고 싶어요."

"그리 오래 걸리지 않을 거야."

그때 아빠 뒤에 있던 선호가 선율이에게 윽박지르듯 말했습니다.

"너, 거기 서 있으면 어떡해? 너 때문에 사람들이 못 올라가잖아."

움찔 놀란 선율이가 뒤를 돌아다보았습니다. 선율이 뒤에는 에스컬레이터를 걸어서 올라가려던 사람들이 서서 선율이를 쳐다보고 있었습니다. 마치 길을 비키라고 눈치를 주는 듯했습니다. 하지만 선율이는 당당했습니다.

"뭘 모르면 가만히 있어. 에스컬레이터는 가만히 서서 이용하는 게 훨씬 안전하다고 우리 담임선생님이 그랬어."

너무 당당한 선율이의 반응에 선호가 오히려 얼굴이 빨개졌습니다. 하지만 두 사람의 신경전은 오래가지 않았습니다. 에스컬레이터의 끝이 보였기 때문입니다. 선율이의 뒤를 따라오던 사람들은 한 번씩 선율이를 흘긋 쳐다보았지만, 선율이는 당당합니다. 기가 막힌 선호는 동생에게 한마디 합니다.

"넌 왜 그렇게 눈치가 없니? 에스컬레이터에서 서서 가는 게 안전하다는 것쯤은 나도 알아. 하지만 사람들이 네 뒤에서 널 째려보고 있었다고. 잠깐 옆으로 비켜 주면 어디가 덧나!"

"내가 왜 비켜 줘야 해? 난 아빠 옆에서 아빠한테 이야기를 하고 싶었다고."

보다 못한 아빠가 말했습니다.

"너희들 오늘 사사건건 부딪히는구나. 하루 종일 이렇게 부딪힐 거면 오늘 여행은 취소하는 게 낫겠다!"

평소 화를 잘 내지 않는 아빠가 화를 내면 더 무섭습니다. 선호와 선율이, 덩달아 승주도 조용해졌습니다. 출구를 나와 아무 말 없이 걷던 아빠는 행복대학교 정문 앞 카페로 들어갑니다. 선호와 선율이는 아빠의 눈치를 보느라 아무 말도 하지 않았습니다.

"커피 두 잔이랑 아이스크림 세 개 주세요."

아빠가 주문을 하고 자리에 앉자, 승주가 아무 일 없었다는 듯 질문을 합니다.

"아저씨, 커피는 왜 두 잔 사셨어요?"

"조금 이따 만날 아저씨 후배한테 주려고. 후배가 20분 후에 보자는구나."

아빠의 목소리 톤이 조금 편안해졌고, 선호와 선율이도 덩달아 긴장을 조금 놓을 수 있었습니다.

"너희들이 사사건건 서로에게 시비를 거는 모습을 보니 아빠는 마음이 아주 불편해."

"아빠, 저는 억울해요. 아까 제가 에스컬레이터에서 비켜 주지 않은 것이 잘못이에요? 왜 제가 다른 사람들 눈치를 봐야 해요?"

"아니, 다른 사람을 신경 쓰는 게 당연하지 않아요?"

아빠의 눈치를 보면서 선율이가 조심스레 말을 꺼냈고, 선호도 질세라 아빠에게 하소연을 합니다. 아빠는 잠시 고민을 하더니 아까처럼 친절하게 설명을 합니다.

"1960년대 미국 뉴욕에서 살인 사건 하나가 벌어졌단다."

살인 사건이라는 말에 아이들의 눈은 커졌습니다.

"28살이었던 제노비스라는 젊은 여자가 새벽 3시에 자신의 아파트 입구에서 강도를 만났어. 강도는 제노비스를 위협했고, 말을 듣지 않자 칼로 찔렀단다. 제노비스는 도와달라고 소리를 질렀어. 자신이 살던 아파트였기 때문에 누군가 도와줄 거라고 생각했지. 제노비스가 소리를 지르자 몇몇 집의 거실에 불이 켜졌고, 주민 몇 명이 창문을 열고 밖을 내다보았어. 강도는 큰일 났다 싶어서 잠시 몸을 숨겼지. 하지만 누구도 밖으로 나오지 않았고, 경찰에 신고도 하지 않았어. 강도는 다시 제노비스에게 가서 칼을 휘둘렀어. 35분 동안 세 차례에 걸쳐 칼에 찔린 제노비스는 결국 목숨을 잃었지. 이후 한 신문 기자가 이 사건을 취재하면서 이 장면을 목격한 아파트 주민이 무려 38명이었다는 사실이 알려졌어. 그런데 아무도 돕지 않은 거야."

아이들은 모두 흥분했습니다. 그 아파트 주민들은 하나같이 나쁜 사람들이라고 말입니다. 그러면서 자신들 같았으면 분명히 나가 보았거나 아니면 경찰에 신고라도 했을 것이라고 말했죠. 아빠는 계속 말을 이어갔습니다.

"그래, 너희들은 그런 상황에서 꼭 그렇게 해야 한단다. 하지만 말이야. 아까 지하철에서 아주머니가 짐을 쏟았을 때를 떠올려 볼까? 다른 사람들도 가만히 있었지만 너희들은 어땠니? 너희들도 처음에 도울까

말까 망설이지 않았니? 그렇다면 너희들도 모두 그 아파트 주민들처럼 나쁜 사람들일까?"

좀 전에 아파트 주민들을 비난했던 세 아이들은 말문이 막혔습니다. 잠시 뒤 선호가 조금 억울한 표정을 지으며 말했습니다.

"아빠, 하지만 상황이 다르잖아요. 짐을 쏟은 거는 별일 아니지만, 강도를 당한 거는 심각한 일인데요?"

"그래. 하지만 그 아주머니에게는 그 짐이 아주 중요한 것일 수도 있지. 물론 목숨보다 중요하지는 않겠지만 아주머니 입장에서는 꼭 도움이 필요한 상황이었을 수도 있어.

자, 보자. 사람들은 보통 갑작스러운 일이 벌어지면 주변 사람들이 어떻게 하는지 살핀 다음 어떻게 행동할지 정해. 내가 모르는 무언가가 있을 거라고 생각하거든. 그런데 재미있는 사실은 모두가 그렇게 생각하면서 서로의 눈치를 본단다. 어느 누구도 그 상황에 대해 정확히 알지 못하는데 자기만 모른다고 생각하니 선뜻 나서기가 어려운 거야. 이런 것을 가리켜서 심리학에서는 **다수의 무지**라고 해."

"아저씨, 말이 너무 어려워요."

"그렇다면 다수의 무시라는 말은 어떠니? 대부분의 사람들이 결국 그 상황을 무시하는 셈이니까."

"아, 수업 시간에 선생님이 모르는 거 있으면 질문하라고 할 때 진짜 고민되거든요. 저는 몰라서 질문을 하고 싶은데, 다른 아이들은 모두 가만히 있으니까 나만 모른다고 말하기가 창피해요. 그런데 수업 끝나고 친구들에게 물어보면 친구들도 거의 다 몰라요. 이런 것도 다수의 무지 맞죠?"

선율이는 얼마 전 수업 시간에 다른 친구들 눈치가 보여서 질문을 하지 못했던 일이 떠올랐습니다. 아빠는 선율이의 말에 고개를 끄덕였죠.

"맞아. 만약 그때 누군가가 나서서 질문을 한다면 다른 친구들도 좋아할 텐데 말이지. 한 가지 더 생각해 보자. 그 살인 사건을 지켜본 사람 중에 분명 도움이 필요한 상황이라는 것을 알았던 사람도 있었을 텐데 왜 나서서 도와주지 않았던 걸까?"

"제 생각에는 부담스러워서 그랬을 것 같아요. 작년 저희 반에 아이들에게 괴롭힘을 당하는 친구가 있었어요. 그 애가 너무 힘들어 보였고, 저랑 친한 친구들도 그 아이가 불쌍하다고 생각했어요. 그때 제가 친구들에게 그 아이랑 친하게 지내자고 했더니, 다른 아이가 '왜 그걸 꼭 우리가 해야 해? 다른 애들도 안 하는데.' 하더라고요. 그 말을 들으니 저도 괜히 나서서 책임을 지기가 싫었어요. 그 아파트 주민들도 그런 마음 아니었을까요?"

선호는 마치 자신이 아파트 주민처럼 도움이 필요한 친구를 외면한 것은 아니었을까 하는 생각에 마음이 복잡해졌습니다.

"선호 말이 맞아. 사람들은 분명하게 도움이 필요한 상황에서도 '꼭 내가 나서야 하나? 나 말고도 다른 사람이 있잖아.'라고 생각할 때가 많아. 책임감이 분산되기 때문이야. 어떤 심리학자가 대학생들을 모아서 실험을 했어. 토론을 한다고 알려 주고는 실험 참가자를 작은 방으로 안내했지. 함께 모여서 토론을 하는 것이 아니라, 5명의 실험 참가자가 각자 다른 방에서 마이크와 스피커를 통해서 토론을 한다고 알려 주었어. 그런데 서로 이야기를 주고받던 중 한 명이 '머리가 아파요. 쓰러질 것 같아요. 도와주세요.'라고 말하고는 더 이상 말이 없는 거야."

"실험 도중에 누가 갑자기 아픈 상황이에요?"

"그렇지. 서로 얼굴을 본 적은 없지만 분명히 누군가가 위급한 상황에 처한 거야. 이때 실험에 참가한 대학생들이 어떻게 반응했을까? 실험실에서 뛰어나와 실험 책임자를 찾아 이 상황을 보고하거나 쓰러진 그 사람을 찾아다녔을까? 아니면 그저 가만히 앉아 있었을까?"

세 아이 중 어느 누구도 선뜻 대답하지 못했습니다. 지하철에서 보았던 상황과 너무나 흡사했기 때문이었죠. 아무런 말도 못하고 그저 아빠

5명이 토론할 때

2명이 토론할 때

만 쳐다보는 아이들을 위해 아빠는 말을 이어 갑니다.

"그 실험에서는 불과 31퍼센트의 사람들만이 방에서 나왔단다. 그런데 흥미로운 사실은 일대일로 대화하는 상황에서 상대방이 쓰러졌을 때는 무려 85퍼센트의 사람들이 방에서 나왔어."

"와, 이렇게나 차이가 나요?"

"그래, 이렇게 누군가의 도움이 필요한 상황에서 그 장면을 목격한 사람이 많을수록 오히려 '도움 행동'이 덜 일어난단다. 목격자가 적으면 도움을 얻기가 더 쉽지. 그나저나 선호는 작년 일 때문에 마음이 안 좋은가 보구나?"

"네, 그 친구는 결국 2학기에 전학을 갔어요. 그 애가 이유 없이 괴롭힘을 당하는 것을 보면서 저도 속상했는데, 아빠 이야기를 들으니 그 상황이 보다 명확하게 이해가 되기도 하고 한편으로는 모른척 한 게 무척 미안해요."

"이제라도 알았으니 앞으로는 도움이 필요한 사람을 위해 용기를 낼 필요가 있단다."

"우리는 아직 어려서 어른들을 돕기는 어려우니까, 학교나 주변에서 도움이 필요한 친구에게 다가가면 되겠네요. 입장을 바꿔 놓고 생각하면, 우리도 언제 그런 어려움을 당할지 모르잖아요."

선율이의 말에 선호와 승주도 맞장구를 칩니다. 아빠는 매우 흐뭇한 표정으로 말씀하십니다.

"사람의 마음과 행동에 숨어 있는 원리와 법칙을 알고, 그것을 잘 활용한다면 세상이 조금은 더 살기 좋은 곳이 될 거야. 너희들이 지금 말한 것처럼 도움이 필요한 사람이 있다면 눈치만 보지 말고 가서 정확히 묻고 도움을 주면 좋겠구나."

 "그러고 보니 심리학은 세상을 바꿀 수 있는 지혜를 알려 주는 좋은 공부 같고, 심리학자라는 직업도 훌륭해 보여요. 선율이에게 이런 멋진 아빠가 있는 줄 몰랐어요."
 승주의 아낌없는 칭찬에 선호와 선율이는 어깨가 으쓱해졌습니다.

무엇이든 쓰기 나름

 선율이는 아까 에스컬레이터 일이 생각났는지 아빠에게 다급하게 묻습니다. 선호를 한번 흘겨보면서 말이죠.
 "아빠, 그럼 좀 전에 에스컬레이터에서 제가 다른 사람의 눈치를 보지 않고 원칙을 지킨 건 잘한 거죠?"
 선호는 선율이의 태도와 말에 기분이 나빴습니다. 하지만 선율이 말대로 에스컬레이터에서 했던 자신의 행동이 후회가 되기도 했습니다. 옳은 행동을 하는 동생에게 다른 사람들의 눈치를 보라고 했으니 마치 뉴욕 아파트의 주민이 된 것 같았거든요.
 "에스컬레이터에서 누가 옳은 행동을 했는지 묻는 것이라면, 아빠는 별로 대답하고 싶지 않구나."
 "선율이가 옳은 행동을 한 거 아닌가요? 아까는 세상을 바꾸기 위해서 타인의 눈치를 보지 않고 옳은 일을 할 수 있는 용기가 필요하다고 하셨잖아요?"

승주는 오빠와 친구의 동의를 구하려고 두 사람을 번갈아 쳐다보았습니다. 선율이와 선호도 승주와 같은 마음이었습니다. 아빠의 대답이 예상을 벗어났으니까요.

"아까 에스컬레이터에서 벌어진 일을 이해할 수 있도록 심리학 실험 하나를 이야기해 줄게."

아빠는 스마트폰을 꺼내 무언가를 검색하더니 아이들에게 화면을 보여 주었습니다. 스마트폰 화면에는 막대기 네 개가 있었습니다.

"여기 좀 볼래? 여기 그림이 두 개 있지. 왼쪽에는 선이 하나가 있고, 오른쪽에는 선 세 개가 있어. 자, 문제를 하나 낼게. 왼쪽 선과 같은 길이의 선을 오른쪽 그림에서 골라 볼래?"

아이들은 아빠의 스마트폰을 제대로 보기 위해 머리를 맞댔습니다. 그런데 이 문제는 머리를 맞대서 고민할 필요도 없이 너무나 간단하고 쉬

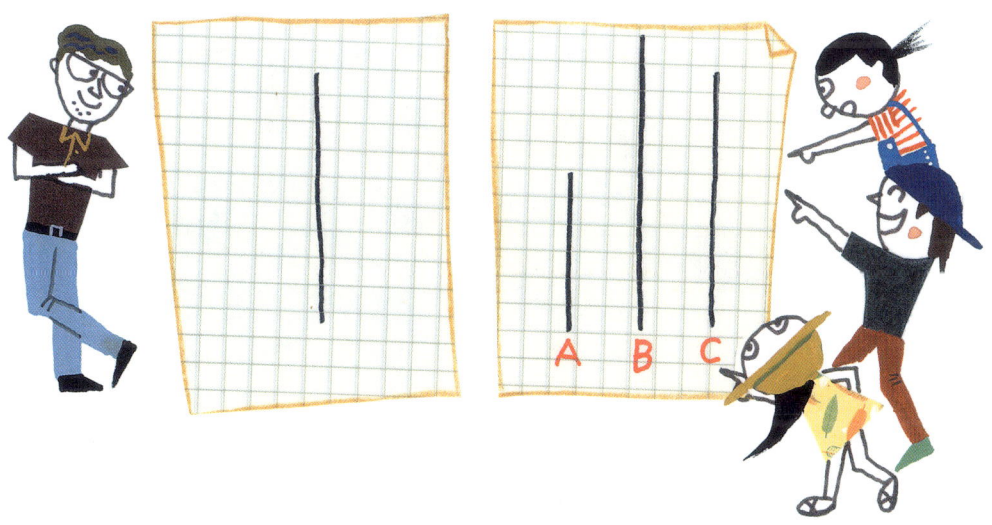

운 문제였습니다. 아니, 문제라고 할 만한 가치도 없었죠. 길이가 분명히 다른 선들이었으니까요.

"에이, 시시해. 당연히 C죠. 이런 건 다섯 살 꼬맹이도 알아요."

선율이는 자신만만하게 대답했습니다. 선호와 승주도 모두 같은 대답을 했지요. 너무 쉬운, 아니 도저히 틀릴 수 없는 문제였으니까요.

"하하하, 하지만 어떤 심리학 실험에서 100명 중 37명이 틀린 답을 말했단다."

"말도 안 돼요. 이렇게 쉬운 문제를 그렇게 많이 틀렸다고요?"

선호는 믿을 수 없다는 듯이 아빠를 쳐다보았습니다. 아빠는 아이들의 표정이 재미있는지 웃음을 지으며 설명을 시작했습니다.

"1950년대 미국의 어느 대학에서 자기를 빼고 모두가 틀린 답을 할 때 사람들은 어떻게 반응하는지 알아보는 실험을 했어. 그래서 일부러 틀린 답을 말하기로 약속한 연기자들을 실험 참가자들 사이에 끼워 넣고, 이 사실을 모르는 진짜 참가자들이 어떻게 반응하는지 살펴봤지. 실험을 진행하는 사람은 참가자들을 테이블에 둘러앉게 한 다음 한 사람씩 왼쪽 선과 같은 길이의 선을 오른쪽에서 고르게 했어. 진짜 참가자의 대답 순서는 뒤에서 두 번째였지. 처음 대답한 사람은 연구자에게 부탁을 받은 대로 A라고 대답했어. 그다음 참가자들도 모두 틀린 답을 말했지. 자, 이제 진짜 참가자 차례가 왔어. 모두가 틀린 답을 말하는 상황에서 진짜 참가자는 어떻게 대답했을까? 아니, 너희들이 저 상황에 있다면 어떻게 대답할래? 승주부터 말해 보자. 그다음은 선율이, 마지막은 선호."

"저는 모두가 틀린 답을 말하더라도 정답을 말했을 것 같아요. 너무 쉬운 문제잖아요."

"저도 마찬가지예요. 다른 사람 눈치를 보면서 틀린 답을 말하지는 않

을 것 같아요."

"저는 잘 모르겠어요. 쉬운 문제이긴 한데, 다른 사람들의 시선을 외면하기가 어려울 것 같아요."

"결과는 놀라웠어. 이 실험에서는 무려 37퍼센트의 사람들이 계속 틀린 답에 동조했단다. 같은 실험을 여러 차례 실시했는데, 단 한 번이라도 틀린 답에 동조한 사람까지 합하면 75~80퍼센트 정도의 사람들이 동조한 셈이야."

"동조요?"

선율이가 생소한 단어를 되물었습니다.

"응, 동조는 사람들이 다른 사람들의 행동과 태도를 따르는 현상을 말해. 사람의 마음과 행동에도 원리와 법칙이 있다고 했지? 동조는 그런 원리와 법칙 중 하나야. 우리의 마음과 행동은 주변 사람들의 영향을 쉽게 받는 편이지. 다른 사람의 눈치를 보느라 자기가 맞다고 생각하는 답을 말하지 못하는 것도 동조라고 할 수 있어."

"아, 그러니까 에스컬레이터는 서서 가는 게 맞는데, 다른 사람들의 눈치를 보느라 비켜 주는 것도 동조네요?"

승주의 말을 선율이가 이어받습니다.

"아빠, 그러니까 아까 에스컬레이터에서는 제가 잘한 거죠? 오빠는 틀린 답에 동조한 거고, 저는 끝까지 옳은 답을 지킨 거고……."

아빠의 이야기를 들으며, 그리고 선율이의 으스대는 모습을 보면서 선호는 기가 죽었습니다. 도움이 필요한 사람이 있을 때 다른 사람의 눈치를 보지 말고 용기를 내 나서야 하는 것처럼, 모두가 틀린 답을 말할 때 용기를 내서 옳은 답을 말해야 한다고 아빠가 말할 것 같았기 때문입니다. 그런데 아빠의 대답은 의외였습니다.

"아니, 나는 선호가 틀렸고 선율이가 맞았다고 생각하지 않아."

"왜요?"

"심리학이라는 학문은 무엇이 옳고 그른지 따지지 않아. 그저 사람들의 마음과 행동에 숨어 있는 원리와 법칙을 발견하고 정리할 뿐이지. 이런 면에서 심리학은 칼이나 불과 같아. 잘 사용하면 이로울 수 있고, 잘못 사용하면 해로울 수도 있어. 동조 현상을 이용해 나쁜 짓을 하는 사람들도 있지만, 좋은 일을 하는 사람들도 있지."

"작년에 그 친구를 괴롭히던 것도 몇몇 아이들이 시작한 거였어요. 개네들이 다른 친구들을 은근히 협박했어요."

"그럼 어떻게 해야 그 원리를 좋은 쪽으로 이용할 수 있어요?"

"심리학자들이 동조가 잘 일어나는 조건을 발견했어. 그중의 하나가

3의 법칙이야. 3의 법칙은 동조가 일어나기 위해서 필요한 최소한의 인원이 3명이라는 거야. 만약 에스컬레이터를 서서 이용하는 것에 대한 동조를 끌어내고 싶다면, 3명 이상이 그렇게 서 있으면 돼. 학교에서도 3명의 친구들이 왕따 당하는 친구와 함께 놀기 시작하면, 다른 친구들도 자연스럽게 동조하게 될 수 있어."

"아저씨는 이런 사실을 아시면서도 아까 왜 에스컬레이터 오른쪽에 서 계셨어요? 우리는 네 명이니 두 명씩 두 줄을 서서 가자고 하셨어야죠."

승주가 너무 진지하게 충고 아닌 충고를 하는 바람에 아빠는 웃음이 터졌습니다.

"하하, 그렇구나. 그러고 보니 나도 동조한 셈이네."

"아저씨, 다음부터는 저희에게 미리 알려 주시고, 옳은 행동을 제안해 주세요."

"하하, 꼭 그렇게 할게. 이제 시간이 됐구나. 자, 이제 가자."

심리학은 옳고 그른 것을 따지기 위한 학문이 아니라, 그저 사람의 마음과 행동에 숨어 있는 원리와 법칙을 정리할 뿐이라는 말이 아이들의 마음에 남았습니다.

거꾸로 하고 싶은 마음

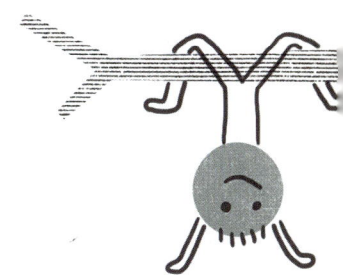

행복대학교에 들어선 세 아이들은 아빠를 따라 열심히 걸어갔습니다. 두리번거리기도 하고 신기해하면서 세 아이는 아빠를 따라 어느 건물 앞에 도착했습니다.

"학생상담센터에 잠시 다녀올게. 여기서 잠시 기다리고 있어."

"우리도 가면 안 돼요?"

"상담센터는 마음이 힘든 사람들이 있는 곳이라서 아주 정숙해야 하거든. 그래서 너희를 데리고 들어가기가 어려워. 여기는 들어갈 수 없지만 병원에는 같이 갈 수 있을 거야."

아이들은 건물 앞 벤치에 앉아서 아빠를 기다리면서 이야기를 나누었습니다.

"나는 병원보다 저기가 더 가 보고 싶은데."

선율이가 투덜거리면서 말했습니다.

"너는 꼭 안 된다는 것만 골라서 하고 싶어 하더라."

선호의 타박에 선율이는 입을 삐죽 내밉니다. 그때 누군가 아이들 앞에 나타나 반갑게 말을 걸었습니다.

"너희들이 선호, 선율이니? 아빠랑 정말 많이 닮았구나. 난 너희 아빠의 후배 박지수라고 해."

"아주머니, 안녕하세요? 저는 선율이 친구예요."

"하하, 아주머니? 그래, 내 나이가 그렇기는 하다만, 기왕이면 '선생님'으로 불러 줄래?"

"네, 선생님! 안녕하세요? 저는 선호고요, 얘는 제 동생 선율이에요."

"안녕하세요."

선율이는 뭐가 쑥스러운지 말끝을 흐리면서 몸을 뒤로 뺍니다. 이때 아빠가 뛰어왔습니다.

"아, 벌써 만났구나. 서로 인사들은 나눴어?"

"그럼요. 벌써 통성명했죠. 얘들아, 그럼 지금 바로 내가 일하는 병원으로 가 볼까?"

이렇게 아빠와 박 선생님, 세 아이들은 대학교 옆에 있는 부속병원으로 이동했습니다. 아빠와 박 선생님은 앞서 걸었고, 세 아이는 뒤에서 따라 걸었습니다.

"아빠, 조금 전에 선율이가 병원 말고 심리센터에 가고 싶다고 투덜거렸어요."

"하하, 그랬어? 선율아, 심리센터가 그렇게 궁금했어?"

"병원은 아프면 늘 가는 곳이잖아요. 하지만 대학생 언니, 오빠들이 다니는 심리센터는 안 가 봤으니까 가 보고 싶었어요."

"선율이가 사람에 대한 호기심이 많은가 보네. 아빠를 닮아서 그런가?"

선율이는 쑥스러우면서도 기분이 좋았습니다. 박 선생님은 선율이를 보며 말을 이어 갔습니다.

"선생님도 중고등학교 때까지는 하라는 일은 하기 싫고, 할 수 없다고 하면 더 하고 싶고 그랬어. 이런 마음을 뭐라고 부르는지 아니?"

"저 알아요. 청개구리 심보예요. 선율이가 늘 그래요. 엄마가 이것 좀 하라고 하면 싫다 하고, 하지 말라고 하면 꼭 하고 싶어 해요. 오늘도 그렇고."

"오빠 정말!"

선호와 선율이가 다시 아웅다웅하려 하자 아빠가 둘을 쳐다보면서 고개를 가로젓습니다.

"그런데 선생님도 그럴 때 많아. 재미있는 이야기 하나 해 줄까?
어떤 심리학자가 야생 쥐로 실험을 했어. 야생 쥐 우리에 스위치를 설치했지. 밝은 빛이나 흐린 빛으로 바꾸거나 조명을 끌 수 있는 이 스위치는 쥐들이 직접 누를 수 있도록 만들었지. 그랬더니 쥐들은 대체로 흐릿한 빛을 선택했어. 많은 쥐들이 흐린 불빛을 선택했다는 것은 그 정도 밝기가 가장 마음에 들었다는 뜻이겠지? 이 사실을 확인한 연구자들은 다른 야생 쥐들을 대상으로 다시 실험을 했어. 이번에는 연구자들이 아예 처음부터 흐린 빛으로 밝기를 맞춰 놓았지. 자, 쥐들이 어떻게 했을까?"

선생님의 질문에 아이들은 얼른 대답을 하지 못했습니다.

"쥐들은 실험자의 선택에 반발했어. 스위치로 달려가서 흐린 빛을 밝은 빛으로 바꾸거나 아예 꺼 버렸단다."

"쥐에게도 청개구리 심보가 있다니 정말 재밌어요! 아니, 이제는 청개구리 심보가 아니라 야생 쥐 심보라고 해야겠네요!"

조금 풀이 죽어 있던 선율이가 신이 나서 이야기를 합니다.

"하하, 청개구리든 야생 쥐든, 사람은 물론 동물에게도 심리적 반발심은 존재해. 이런 마음 때문에 우리는 타인으로부터 자유를 침해당하거나 통제당할 때 불편함을 느끼지. 너희들도 막 공부하거나 책을 읽으려는데 누가 '공부 좀 해라.', '책 좀 읽어라.' 하고 말하면 갑자기 하기 싫어지지 않니?"

조용히 이야기를 듣고 있던 선호가 맞장구를 쳤습니다.

"맞아요. 요즘 저희 엄마가 공부하라는 말을 자주 하세요. 중학교에 가기 전에 준비를 해야 하지 않겠냐고. 그런데 그런 이야기 들을 때마다 아무것도 하기 싫어져요."

"선생님, 상대방 말에 반대로 하고 싶은 마음이 청개구리 심보라고 하셨잖아요. 그런데 상대방의 말에 무조건 반대를 한다면 그것도 결국에는 상대방에게 영향을 받는 것 아닌가요?"

"승주가 아주 좋은 질문을 했어. 너희들 스스로 공부하겠다고 마음먹었는데, 공부하라는 잔소리를 들었을 때 하기 싫은 마음이 드는 것은 당연해. 하지만 시키는 대로 하기 싫어서 공부를 하지 않는다면, 이 역시 그 말 때문에 생겨난 마음이잖아. 결국 중요한 것은 정말 자신이 원하는 것이 무엇인지 정확히 아는 거야. 누가 뭐라고 하든 상관없이 자신이 원하는 것에 도전하고 원하지 않으면 미련 없이 포기하는 것, 이것이 온전히 자신의 마음을 지키는 길이겠지?"

청개구리 심보가 오히려 타인에게 얽매이는 것일 수 있다는 말에 아이들은 고개를 끄덕였습니다. 정말 타인이 뭐라고 하든 자신의 마음을 제대로 알고 지키는 것이 중요하다는 생각을 했죠. 이야기를 하다 보니 어느새 병원 앞에 도착을 했습니다.

병원의 심리학자

병원 안에는 정말 사람들이 많았습니다. 환자복을 입은 사람, 환자의 가족들, 노인부터 어린아이에 이르기까지 세상에 아픈 사람들이 이렇게나 많았나 싶을 정도였습니다. 아이들은 많은 사람들 틈바구니에서 여기저기 두리번거리면서도 아빠와 선생님을 놓칠세라 열심히 따라갔습니다. 드디어 도착한 곳은 임상심리실이라는 이름의 방이었습니다.

"난 병원에 온 김에 재활심리실에 가서 인사 좀 하고 올게. 애들 좀 부탁해."

"걱정 마세요."

"너희들, 선생님 말씀 잘 들어야 한다. 알았지?"

아빠가 떠나고 박 선생님은 아이들에게 말씀하셨어요.

"얘들아, 이 방에 들어가면 우선 안에 계시는 선생님들에게 조용히 인사를 하고 나를 따라오렴. 안쪽에서 심리검사나 심리치료 중인 분들도 계시니 조용히 해야 해. 할 수 있지?"

"네!"

한목소리로 대답한 아이들은 긴장된 마음으로 선생님을 따라 임상심리실 문을 열고 들어갔습니다. 임상심리실 안에는 책상이 몇 개 있었고, 방이 여러 개 있었습니다. 치료실, 검사실, 관찰실, 뇌파실이라고 이름 붙은 방들이었죠. 아이들은 조용히 목례를 하고 박 선생님을 따라 관찰실이라고 쓰여 있는 방으로 들어갔습니다. 방으로 들어갔을 때 아이들은 깜짝 놀랐습니다. 전면의 큰 유리창 너머로 환자복을 입은 어떤 아저씨와 하얀 가운을 입은 어른이 책상을 사이에 두고 마주 앉아 무언가를 하는 것이 보였거든요.

"앗, 선생님! 저희가 방해되는 것 아니에요? 너무 훤히 잘 보이잖아요."

"선호야, 괜찮아. 이 유리는 일방경이란다. 우리는 저쪽이 보이지만, 저 안에서는 우리가 보이지 않아. 방음도 되니까 걱정 마."

"아, 그럼 다행이네요."

"선생님, 들어올 때 관찰실이라고 쓰여 있던데, 여기는 뭐 하는 방이에요? 저 사람들을 관찰하는 건가요?"

"그래, 승주가 말한 대로 저기서 진행되는 심리검사나 심리치료 받는 분들을 관찰하는 곳이란다. 지금 저기에서는 심리검사를 진행하고 있는데, 심리검사를 진행하고 있는 선생님은 아직 정식 심리학자가 아니라 심리학자가 되기 위해 훈련을 받는 수련생이야. 처음 들어 보는 말이니? 음, 혹시 너희가 다니는 학교에도 교생 선생님들이 오시니?"

"네! 1학기에 우리 반에 교생 선생님이 오셨어요."

최고참 학년인 선호가 얼른 대답합니다.

"그래, 교생 선생님은 정식으로 선생님이 되기 전에 학교 현장에 나와서 수업도 해 보고 아이들도 지도하잖아. 그러면서 자신의 수업에 대해 정식 선생님에게 지도를 받거든. 저분들도 정식 심리학자가 되기 전에 그런 훈련을 받는 거란다."

"선생님은 심리학자라고 하셨죠? 그런데 심리학자가 왜 병원에서 일해요? 우리 아빠는 병원에서 일 안 하는데."

"심리학에는 아주 다양한 분야가 있단다. 선생님은 임상심리학자야. 임상심리학자는 너희 아빠처럼 지역의 상담센터에서 일하기도 하고, 대학교나 기업 내의 상담센터에서 일하기도 해. 그리고 병원에서 각종 심리검사나 심리치료를 진행하기도 한단다."

"와, 신기하네요. 병원에 의사나 간호사 말고 심리학자도 있는 건 처음 알았어요. 왜 우리 아빠는 이런 이야기를 안 해 주셨을까요? 오시면 따져야겠어요."

선율이의 말에 모두가 웃습니다. 승주는 다시 질문을 합니다.

"심리검사라면 인터넷에서 할 수 있는 심리테스트랑 비슷한 건가요? 저도 심리테스트 좋아해요. 그런 것은 그냥 집에서 컴퓨터로 하면 되지, 왜 병원에 와서 심리학자랑 해야 하나요?"

"심리학자들이 하는 심리검사와 인터넷에서 재미로 하는 심리테스트 사이에는 중요한 차이점이 있어. 승주도 아파서 병원에 가 본 적이 있겠지? 병원에 가면 어떻게 하는지 설명해 볼래?"

"음, 대기실에 있다가 이름을 부르면 진료실로 들어가요. 그럼 의사 선생님이 어디가 아픈지 묻고, 청진기로 심장 소리를 듣기도 해요. 아, 엑스레이를 찍을 때도 있어요."

"아주 정확히 기억하는구나. 의사 선생님이 승주의 상태를 정확하게 파악하기 위해서 검사를 하는 것처럼 마음이 아플 때도 마찬가지란다. 검사를 통해 마음이 어디가 아픈지를 알아볼 수 있어. 그런데 만약 병원에서 하는 검사가 엉터리라면 어떨까? 승주가 병원에 가서 배가 아프다고 했는데, 의사 선생님이 피 검사나 소변 검사, 혹은 엑스레이 촬영 같은 검사를 하지 않고 본인이 인터넷에서 봤다면서 엉뚱한 검사를 한다고 생각해 봐. 예를 들어 승주에게 가위바위보 중에 하나를 내 보라고 해서 가위를 내면 위, 주먹은 심장, 보자기는 폐가 아픈 것 같다고 하면?"

"에이, 그런 엉터리가 어디 있어요."

"하하, 승주가 생각해도 엉터리지? 인터넷에 돌아다니는 거의 대부분의 심리테스트가 엉터리란다. 다시 말해 과학적으로 증명되지 않거나 아니면 아예 증명할 수도 없는 방식으로, 그저 재미를 위해 만든 것들이 대부분이야. 당연히 과학적 훈련을 받은 심리학자는 사용하지 않지."

이번에는 선율이가 묻습니다.

"그럼 심리학자들이 사용하는 심리검사로 무엇을 알아볼 수 있어요?"

"사람들이 얼마나 우울한지, 또는 얼마나 불안한지 수치로 확인할 수 있고, 생각이 얼마나 왜곡되었는지도 알아볼 수 있단다. 아, 그리고 너희들이 관심을 가질 만한 것도 알 수 있지."

"뭔데요?"

세 아이들의 눈이 호기심으로 반짝입니다.

"바로 지능이야. 보통 IQ라고 하지."

"IQ요?

지능에 대한 오해와 진실

"얼마나 똑똑한지 알 수 있다는 거죠? 선생님, 우리도 IQ 검사 해 주실 수 있어요?"

선율이는 갑자기 선생님 팔에 매달리며 온갖 애교를 부립니다. 처음 만났을 때 어색하고 쑥스러워하던 모습은 온데간데없습니다.

"그래, 선생님도 어렸을 적에 IQ가 정말 궁금했거든. 그래서 너희들 마음이 충분히 이해가 돼. 하지만 지금 할 수는 없단다."

"왜요?"

"우선 지능검사를 하려면 한 사람당 두 시간 정도 시간이 걸려. 그리고 일대일로 진행해야 하기 때문에 너희들 모두 하려면 적어도 대여섯 시간은 걸릴 텐데. 오늘 너희들 놀이공원 간다며? 놀이공원을 포기하고 지능검사를 받고 싶어?"

"어? 지난 1학기에 학교에서 IQ 테스트 받았거든요. 그때는 저희 반

모두가 한꺼번에 시험지 같은 걸 풀었는데요?"

"선호가 학교에서 지능검사를 해 본 모양이구나. 사실 지능검사는 종류가 정말 다양해. 학교에서는 많은 학생들을 대상으로 진행해야 하니까 그렇게 시험 보듯이 하지. 그런데 심리학자들이 실시하는 지능검사는 일대일로 마주 앉아서 진행해야 해. 또 지문을 읽고 답을 쓰는 방식이 아니라 심리학자가 질문을 던지고 검사받는 사람의 답을 받아 적어. 미로 찾기나 퍼즐 조각 맞추기 같은 것도 해야 하고."

아이들은 지능검사 설명을 들을수록 너무 하고 싶어졌지만 시간이 오래 걸려서 할 수 없다는 사실에 시무룩해졌습니다.

"너희들이 보기에는 선생님의 IQ가 얼마나 될 것 같니?"

선생님은 장난기 가득한 얼굴로 세 아이를 쳐다보았어요. 승주는 제법 심각한 얼굴로 선생님의 IQ를 추론했습니다.

"의사처럼 병원에서 일하는 심리학자니까 머리가 좋으실 거 같아요. 또 이렇게 당당하게 자신의 IQ를 물어보시는 것 보면 선생님은 한 200점 정도? 맞죠?"

"아니야. IQ가 200점이 어디 있냐? 내가 보기에 선생님은 150점!"

선율이가 승주의 말을 받아치자, 선호도 질세라 나름의 답을 내놓습니다.

"너희들은 잘 모르나 본데, IQ 테스트를 경험해 본 내가 보기에는 140점이야. 140점도 높은 점수라고 그랬어. 그렇죠, 선생님?"

"선생님 지능을 이렇게 높게 평가하다니 정말 영광인걸? 하지만 아쉽게도 정답은 없어."

아이들의 표정은 실망으로 바뀌었습니다.

"그럼 정답은 뭔데요?"

"정답은 평균상이야."

"평균상? 그거 우등상 같은 거예요?"

"하하, 선율이 너 재미있는 애구나. 사람들은 지능이라고 하면 우리 키나 몸무게처럼 비교적 정확하게 측정하거나 서로 비교할 수 있다고 생각하지. 심지어 사람과 동물의 지능도 말이야."

"아, 돌고래 IQ는 네 살 아이랑 비슷한 70~80이라던데, 그럼 그것도 틀린 거예요?"

"그래, 승주야. 정확히 말하면 돌고래 지능을 측정할 수 있는 검사는 없단다. 설사 그런 검사가 있다고 하더라도 사람의 지능과 비교할 수 없어. 음, 너희들 모두 같은 학교에 다니니?"

"저는 실천초등학교 다녀요. 선율이와 선호 오빠는 실현초등학교에 다니고요."

"그렇구나. 방학 전에 승주와 선율이 모두 시험 보았지? 학교가 다르니까 시험 문제가 달랐을 텐데, 수학 과목에서 선율이는 90점을 받고, 승주는 80점을 받았다면 90점을 받은 선율이가 승주보다 수학을 더 잘한다고 말할 수 있을까?"

"당연하죠. 점수 잘 받은 제가 이긴 거죠."

"선율아, 넌 생각 좀 하고 말해. 문제가 다른데 그렇게 단순하게 비교하는 게 말이 되니?"

"저도 선호 오빠 말에 동의해요. 우리 학교 문제는 어려웠을 수 있고, 선율이네 학교 문제는 쉬웠을 수도 있어요. 90점을 받고서도 5등을 할 수 있고, 85점으로 1등을 할 수도 있으니까요."

"선호랑 승주 말이 맞아. 그런데 선율아, 틀렸다고 해서 기죽을 필요는 없어. 선생님도 맞을 때보다 틀릴 때가 더 많아."

"헤헤, 저 기 안 죽었어요. 사람이 살다 보면 이럴 때도 저럴 때도 있죠. 그나저나 IQ 이야기하다가 왜 갑자기 수학 시험 이야기를 하세요?"

"수학 시험이 학교마다 문제나 수준이 다른 것처럼 지능검사도 그 검사를 만든 회사마다 내용이 달라. 같은 검사를 한 게 아니니까 서로 비교할 수 없는 거야. 키나 몸무게는 사람이나 동물 모두 같은 기준을 쓰기 때문에 비교가 가능하지만, 지능검사는 사람과 동물은 물론이고 다른 나라 사람들끼리도 정확하게 비교할 수는 없단다. 왜냐하면 나라마다 문제가 완벽하게 똑같을 수 없거든. 더 정확히 말하면 같은 나라에서도 노인과 청년, 청년과 어린이처럼 나이가 다른 사람들도 비교할 수 없지. 같은 언어를 사용하는 사람들이 같은 검사를 실시했을 때, 비슷한 연령대의 사람들끼리 비교할 수 있는 거야."

"선생님, 그런데 IQ가 두 자리면 정말 바보예요?"

"승주야, 그렇지 않아. 심리학자들은 지능 100점을 평균 지능이라고 보는데, 보통 절반 정도의 사람들이 100점보다 높은 지능을, 나머지 절반의 사람들은 100점보다 낮은 점수를 받는단다. 이렇게 따지면 절반 가까운 사람들이 두 자리의 지능을 갖고 있다는 말인데, 절반을 바보라고 하는 것은 말이 안 되겠지?"

"아까 선생님 지능이 평균상이라고 하셨잖아요. 그건 지능이 어느 정도라는 말이에요?"

"심리학자들이 사용하는 지능검사는 100점이 기준이야. 그러니까 지능이 평균상이라는 말은 100점보다 조금 높다는 뜻이야. 지능검사는 몇 시간 동안 심리학자와 마주 앉아 진행하기 때문에 집중력이 떨어지거나 의사소통에 문제가 있거나 우울이나 불안이 심한 사람들은 자신의 능력을 제대로 발휘하지 못할 때가 많아. 게다가 그날의 컨디션에 따라서도

조금씩 다른 점수가 나올 수 있어. 그래서 정확한 점수가 아니라 평균, 평균상, 우수, 최우수처럼 점수가 속한 범위를 알려 주는 거야."

"그런데요, 저희 학교에서 했던 지능검사는 결과를 알려 주지 않았어요. 기껏 검사를 하고 왜 알려 주지 않는 건가요?"

"지능검사 결과를 알려 주지 않는 이유는 부작용이 크기 때문이야. 지능점수가 높게 나온 학생은 '난 역시 똑똑해. 그러니 공부를 열심히 하지 않아도 되겠어.'라고 생각할 수도 있고, 반대로 낮게 나온 학생은 '난 멍청해. 아무리 해도 안되나 봐.'라고 생각할 수도 있지. 게다가 심리학자가 보기에 학교에서 단체로 실시하는 지능검사는 정확성이 떨어지거든. 정확하지도 않은 IQ를 학생들에게 알려 줘서 혼란에 빠뜨리게 하는 것은 바람직하지 않지."

"선생님, 저분들은 지금 뭐 하는 중이에요?"

승주가 일방경 너머를 가리킵니다. 환자복을 입은 사람은 나무 블록을 맞추고 있고, 그 앞에서 선생님은 연필과 초시계를 들고 그 장면을 지켜보고 있었습니다.

"지금 저 검사가 바로 지능검사야. 학교에서 하는 지능검사랑 달리 심리학자들이 하는 지능검사는 나무 블록이나 퍼즐을 이용하기도 하고, 간단한 암산, 상식 문제 등 다양한 종류의 문제를 풀어야 해."

"재미있겠다. 나도 하고 싶다."

선율이는 일방경에 바짝 붙어서 중얼거립니다.

"너희 아빠도 선생님이랑 같이 학교 다닐 때 함께 지능검사 하는 법을 배웠어."

"정말요? 왜 아빠는 이런 사실도 안 알려 주셨지? 사랑하는 자식들한테 지능검사 정도는 해 줘야 하는 것 아니에요? 아빠한테 따져야겠어요."

선율이의 장난 섞인 말에 모두가 웃음을 터뜨립니다.

마음도 아플 수 있단다

"이제 매점 가서 뭐 좀 먹을까?"

"네."

아이들은 처음 와 본 임상심리실을 떠나는 것이 못내 아쉬운지 두리번거리며 나왔습니다.

매점에 와서 간식을 먹으면서도 승주는 환자들에게서 눈을 떼지 못합니다.

"선생님, 세상에는 아픈 사람들이 정말 많은 것 같아요."

"그래. 건강이 무엇보다 중요해. 몸의 건강뿐 아니라 마음의 건강이 중요하다는 걸 잊으면 안 돼. 너희들, 주변에서 마음이 아픈 사람들을 본 적 있니?"

"아, 그 에이디…… 뭐더라. 그 있잖아요. 막 떠들고 산만한 아이들."

"에이.디.에이치.디! 오빤 6학년이 그것도 몰라?"

선율이가 큰 소리로 대답하면서 선호를 쳐다봅니다. 선호는 순간 얼굴이 붉어졌습니다.

"ADHD, 주의력 결핍 및 과잉행동 장애라고 하지. 선호는 주변에서 ADHD 아이들을 본 적이 있구나."

선호는 동생에게 눈을 흘기면서 이야기를 이어갑니다.

"네, 고학년이 되니까 많이 줄기는 했는데 예전에는 수업 시간에 선생님 말씀도 전혀 안 듣고 계속 돌아다니거나 너무 떠들어서 다른 사람에게 피해를 주는 친구들이 한두 명씩 있었어요. 그때 어른들이 그 친구들에게 ADHD라는 병 때문에 그런 거라고 말하는 걸 들었어요."

"그래, 원래 아이들은 어른보다 집중력도 짧고 지나쳐 보일 정도로 활발한 경우가 많아. 그런데 그 정도가 보통 수준을 뛰어넘어서 일상생활에 지장이 있을 정도면 마음이 아픈 것으로 판단한단다. ADHD는 어른보다 어린이들에게서 많이 볼 수 있지. 또 어떤 경우가 있을까?"

"전에 TV에서 봤는데 우울증에 걸린 사람들은 자살하기도 한다던데, 우울증도 마음이 아픈 거죠?"

승주가 대답했습니다.

"그렇지. 우울증은 아주 많은 사람들이 겪는 마음의 병이야. 그래서 우울증을 마음의 감기라고 표현하기도 해. 너희들도 감기는 자주 걸리지? 감기는 특별한 병이라고 할 수 없을 정도로 정말 많은 사람들이 걸리잖아. 우울증도 그렇단다."

"그런데 저는 우울한 게 어떤 건지 잘 이해가 안 돼요. 우울한 게 정확히 어떤 거예요?"

"그래, 선율이는 경험해 본 적이 없을 수 있어. 선율이뿐 아니라 대부분의 어린이들은 어른들처럼 우울하다고 느끼는 경우가 많지 않아. 어른들은 우울하면 몸이 처지고, 슬프기도 하단다. 축 가라앉는 기분이랄까. 우울하면 뭘 해도 잘 안될 것 같고 사람들이 자기를 싫어한다는 생각이 들기도 해."

"저희 엄마가 가끔 우울해 보일 때가 있어요. 그런데 하루 이틀 지나면 괜찮아지세요."

승주의 말에 선율이와 선호가 흠칫 놀랍니다.

"그래, 승주 엄마뿐 아니라 거의 모든 어른들이 우울한 기분을 겪는단다. 선생님도 가끔 우울해서 아무것도 하기 싫을 때가 있어. 하지만 우울은 감기처럼 시간이 지나면 자연스럽게 회복되기도 해. 감기에 걸리면 약을 먹는 것보다 충분히 쉬는 게 더 중요하잖아. 지친 우리의 몸이 휴식을 원한다는 신호가 감기거든. 우울도 비슷해. 어른들은 너무 바쁘고 정신없이 사느라 자신의 마음을 잘 돌보지 못하는 경우가 많아. 이렇게 살다 보면 우울해지기 쉽지. 그러니까 우울은 마음에 휴식이 필요하다는 신호라고도 할 수 있을 것 같아."

"작년에 제가 심한 감기에 걸렸거든요. 그런데 괜찮겠지 생각해서 병원에 안 갔다가 폐렴에 걸릴 뻔했어요."

선호는 작년에 몹시 아팠던 일을 떠올리며 말했습니다.

"많이 고생했구나. 맞아, 대부분의 감기는 약을 먹지 않아도 저절로 낫지만, 자칫 잘못하면 더 큰 병으로 발전할 수 있지. 감기에 자주 걸리면 몸 상태를 의심해야 하는 것처럼 자주 우울하다면 전문가의 도움을 받는 게 좋아. 우울증이 더 심각한 정신장애로 이어질 수 있어."

"정신장애요? 마음이 아픈 것도 장애라고 해요?"

"승주는 장애라는 말에 놀랐나 보네."

"몸이 불편한 사람을 장애인이라고 하잖아요. 어떤 애들은 친구를 놀리거나 욕할 때 장애인이라는 말을 써요. 선생님은 절대 그렇게 말하면 안 된다고 하세요. 누구나 모두 몸이 아플 수 있고, 누구나 장애를 경험하게 될 수도 있다구요."

"그렇지. 장애라는 표현을 다른 사람을 놀릴 때 쓴다면 장애가 있는 사람들 전체에 대한 모독이 되는 거니까. 그럼 정신장애 말고 정신병이라는 표현은 어떤 것 같아?"

"정신병도 좀 그래요. 전에 시장에 갔다가 싸움 구경을 한 적이 있는데, 그때 어떤 사람이 막 화를 내면서 상대방에게 '정신병자'라고 소리를 질렀어요."

"그래, 사람들은 정신병이나 정신질환을 욕으로 사용할 때가 많아. 그런 부정적인 시선 때문에도 사람들은 자신의 마음이 아프다는 사실을 잘 인정하지 않으려 하지."

사춘기 문턱에 서 있는 선호가 조심스럽게 이야기를 꺼냅니다.

"저도 선생님 말이 맞다는 건 아는데, 그런데 제가 정작 마음이 힘들 때 그 누구에게도 이야기하기가 쉽지 않았어요. 어쩐지 창피하고 자존심이 상해서……. 몸이 아픈 건 숨길 수 없지만 마음이 아픈 것은 숨길 수 있으니까 알리고 싶지 않았어요. 그리고 시간이 지나면 저절로 나을 것 같고……."

"그래, 사람들은 마음을 굳게 먹으면 자신의 감정이나 생각을 통제하고 바꿀 수 있다고 생각해. 그래서 자기 마음의 병을 자기 스스로 고칠 수 있다고 생각하기 쉬워. 하지만 정말 그럴까? 우리의 마음은 모두 뇌와 관계가 있어.

다시 말해 마음이 아프다는 것은 뇌가 아픈 거라고 할 수 있지. 뇌는 우리 몸의 일부잖아. 그러니까 마음이 아프면 몸이 아플 때처럼 전문가에게 도움을 받아야 해. 몸도 그렇지만 마음 역시 제때 제대로 된 도움을 받지 않으면 큰 병이 될 수 있어."

조용히 선생님 말을 듣고 있던 선호는 진지한 얼굴로 질문을 합니다.

"선생님, 그럼 용기를 내서 의사나 심리학자에게 찾아가면 마음의 병을 모두 고칠 수 있나요?"

"선호야, 몸이 아플 때 병원에 가면 모두 치료할 수 있을까?"

"아, 아닌 것 같아요. 저희 할머니가 고혈압과 당뇨 같은 병이 있는데 그런 병은 병원에 가도 완전히 고칠 수는 없대요."

"맞아. 마음의 아픔도 모두 완치된다고 할 수 없지만, 그렇다고 해서 전문가의 도움을 거부해서도 안 되지."

이야기를 한창 나누고 있는데 어떤 아주머니와 고등학생 정도로 보이는 학생이 지나갔습니다. 그런데 누가 보기에도 그 학생의 행동에는 눈에 띄는 점이 있었습니다. 시선은 허공에 둔 채, 오른손을 아래위로 반복적으로 흔들었고, 알아들을 수 없는 말을 쉬지 않고 중얼거렸습니다. 아주머니와 그 학생은 아주 잠깐 음료수만 사고 밖으로 나갔지만 사람들의 눈길을 끌기에 충분했습니다. 특히 선율이의 눈길을 끌었습니다.

"선생님, 저 오빠는 왜 저런 거예요?"

"아마 **자폐증**을 앓고 있는 것 같구나."

"자폐증이요? 자폐증이 뭐예요?"

"자폐증은 자신만의 세계에 빠져서 세상을 향해 마음의 문을 닫은 병이라고 할 수 있어. 무엇보다 사람들과 눈을 맞추거나 마음을 나눌 수 없단다. 자폐인 아이들은 태어날 때부터 뇌에 문제를 가지고 태어나. 그런

데 인간의 뇌는 소우주라고 할 정도로 복잡하고, 아직까지 과학적으로 알려진 것은 많지 않아. 그래서 자폐증은 완치가 어려워."

"정말 속상하겠어요."

"그래, 안타깝지. 완전히 다 낫기는 어렵지만 그래도 노력하면 어느 정도 좋아질 수는 있어. 지금도 많은 과학자와 의

사, 그리고 심리학자들이 연구하고 있으니까 언젠가는 좋은 방법이 나오겠지. 그럼 너희들이 마음 아픈 사람들을 위해 할 수 있는 일은 없을까?"

"저희 같은 아이들이 뭘 할 수 있겠어요. 나중에 과학자나 의사, 심리학자가 되면 또 모를까요."

"승주야, 마음이 아프다는 사실을 있는 그대로 바라보고 인정하는 것만으로도 충분히 변화를 만들 수 있어. 혹시 누가 정신건강의학과에 다니면서 정신과 약을 먹는다거나 심리상담센터에서 심리치료를 받는다고 해도 이상하게 생각하지 않기, 또 자기 마음이 아플 때는 부끄러워하거나 숨기지 말고 전문가를 찾아가 도움 받기, 정신장애나 정신병, 정신질환 같은 말을 부정적으로 사용하지 않기, 그리고 아무리 화가 나도 '미쳤다'는 표현은 쓰지 않기. 미쳤다는 표현이 가지고 있는 부정적 느낌 때문에 사람들은 마음이 힘들어도 인정하지 않으려고 하거든. 정신장애에 대한 편견과 오해를 키워 주는 말이니까. 어때? 할 수 있겠지?"

"네!"

심리학은 뇌과학

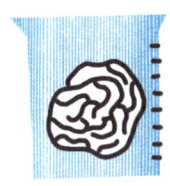

"오빠랑 선율이는 좋겠다. 아빠가 심리학자라서 잘 이해해 주실 거 아니야."

"우리 아빠? 이해를 해 줄 때도 많지만, 혼낼 때는 얼마나 무서운데."

"아니, 내가 무섭다고?"

갑작스럽게 등장한 아빠의 목소리에 모두가 깜짝 놀랐습니다. 특히 선율이는 더 놀랐죠.

"아빠! 깜짝 놀랐잖아요."

"선배, 자상한 아빠 아니었어요? 학교에서 후배들에게만 엄한 줄 알았더니 애들한테도 그런가 봐요?"

"아니, 벌써 이렇게 친해진 거야? 친해진 건 좋은데 연합군이 되어서 나를 공격하지는 말아 줘. 하하"

"아빠, 어디 다녀오셨어요?"

"**재활심리**실에 후배를 만나러 다녀왔어."

"재활심리실은 뭐 하는 곳이에요? 그곳에도 심리학자가 있어요?"

"그래, 병원에도 심리학자가 꽤 많이 있단다. 특히 재활심리실 심리학자들은 뇌손상 환자의 심리검사를 한단다."

"아저씨 안 계신 동안에 박 선생님께서 뇌 이야기를 잠깐 해 주셨어요. 심리학자인데 뇌와 관련된 일을 한다니 신기해요. 마음에 대한 일을 할 것 같은데."

"그렇지? 아저씨도 대학에서 심리학 공부를 처음 시작했을 때, 뇌에 대한 이야기가 많이 나와서 깜짝 놀랐지."

"저도 그랬어요. 그때까지만 해도 심리학이라고 하면 문학이나 철학처럼 인문학이라고 생각했잖아요."

"아빠, 심리학에 왜 뇌 이야기가 많이 나와요?"

"우리의 마음과 행동이 모두 뇌에서 나오니까. 뇌가 없이는 마음과 행동도 없어. 선율이가 지금 아빠와 박 선생, 오빠와 승주를 쳐다보고 있지? 어디로 보고 있니?"

"당연히 눈으로 보고 있죠."

"그래, 눈으로 본다고 할 수도 있지만 엄밀히 말하면 중요한 것은 눈이 아니라 뇌란다."

"뇌라고요?"

아이들의 눈은 토끼 눈처럼 커졌습니다.

"우리 눈은 외부의 빛을 받아들이는 통로일 뿐이야. 눈은 빛을 받아들여서 뇌로 보내고, 뇌에서 정보를 해석하고 이해한단다. 듣는 것도 마찬가지야. 우리의 귀가 소리를 듣는 것 같지만, 귀 안쪽의 여러 기관은 공기의 흐름에 따라 외부의 소리를 뇌로 보내는 역할을 할 뿐이야. 선율이

가 지금 듣는 모든 소리는 바로 뇌에서 듣는 셈이지. 너희들이 학교나 집에서 공부를 하거나 책을 읽는 것, 음악을 하거나 운동을 하는 것 모두 뇌가 하는 일이야. 너희들 환지통이라는 말 들어 봤니?"

"휴지통이요?"

환지통을 휴지통으로 알아들은 선율이 때문에 모두 웃음이 터졌습니다.

"자, 박 선생이 마네킹이 되어 줘."

아빠의 부탁에 박 선생님은 아이들 앞에 섰습니다. 아빠는 박 선생님의 오른쪽 팔을 가리켰습니다.

"여기에 박 선생의 오른쪽 팔이 있지. 이 오른쪽 팔을 담당하는 건 왼쪽 뇌야. 왼쪽에 있는 반원이라고 해서 좌반구라고 하지. 대략 이쯤 될 것 같구나."

아빠는 박 선생님의 왼쪽 귀 위쪽 부분을 가리켰습니다.

"여기 오른쪽 팔을 '탁' 치면 오른쪽 팔에 있는 세포가 그 충격을 전기 신호로 바꾸고 다시 신경세포를 통해 뇌로 전달해. 그럼 여기 좌반구에서 통증을 느끼지. 이 과정이 눈 깜짝할 사이에 일어나기 때문에 우린 뇌가 아니라 팔이 통증을 느낀다고 생각하는 거야. 그런데 여기서 문제! 만약 박 선생님이 사고를 당해서 오른쪽 팔을 잃는다면 오른쪽 팔의 통증을 느낄 수 있을까?"

아이들은 당연히 고개를 가로저었습니다. 팔이 없으니 당연히 팔에서 통증을 느낄 수 없다고 생각한 거죠.

"땡! 통증을 느낄 수 있단다!"

"엑! 말도 안 돼요."

"선율아, 선생님 말씀이 맞아. 없는 팔이나 다리가 아프다고 해서 환지통이라고 해. 눈에 보이지 않는 유령 같다고 해서 붙인 이름이란다."

"없는 팔이 어떻게 아파요? 그럼 어떻게 고쳐요?"

아빠는 매점을 둘러보더니 벽에 걸려 있는 대형 거울을 떼어 아이들이 있는 쪽으로 가지고 왔습니다. 책상 위에 거울을 가로로 세우고, 박 선생님을 거울의 끝 쪽에 앉게 한 후 몸을 거울에 붙여서 몸의 왼쪽 부분이 거울에 비치도록 했습니다. 그리고 아이들을 불러서 그 모습을 보게 했죠. 거울에 선생님의 왼쪽이 그대로 비쳐서 마치 몸의 반쪽이 거울 속에 있는 것처럼 보였습니다.

"와, 선생님 팔이 저기에 또 있어요."

"그래, 이쪽에서 보면 사고로 잃은 팔이 다시 생겨난 것처럼 보이지? 이렇게 거울에 비친 팔을 없어진 오른쪽 팔이라고 상상하면서 왼쪽 팔을 주무르기도 하고 마사지도 해 주면 뇌는 양쪽 팔이 모두 편해진다는 느낌을 받아. 오른쪽 팔이 있다고 착각하는 뇌에게 가짜 팔을 보여 줘서

다시 착각을 하게 만드는 거야."

아이들은 아빠의 말이 끝나자마자 박 선생님 있던 자리에 돌아가면서 앉아 봤습니다. 이 모든 것이 신기하고 놀랍기만 한 선율이나 승주와 달리 선호가 차분하게 말을 꺼냈습니다.

"정말 인간의 마음과 행동 모든 것이 뇌와 관련되어 있다는 걸 확실하게 알겠어요."

"맞아. 선호야. 아빠가 지금 다녀온 재활의학과에는 교통사고나 치매 때문에 뇌가 손상된 분들이 많아. 팔이나 다리가 멀쩡해도 그 부위를 담당하는 뇌 부위가 손상되면 움직일 수가 없단다. 마치 스피커가 멀쩡해도 컴퓨터가 고장 나면 아무 소리도 못내는 것과 비슷하지."

"그럼 컴퓨터를 고치듯이 뇌를 고치면 되잖아요."

"선율아, 아까 선생님이 말씀하셨잖아. 뇌는 소우주만큼이나 신비로운 기관이고, 아직 뇌에 대해 알려진 게 별로 없다고."

선호가 핀잔을 주듯 선율이에게 말했고, 선율이는 선호를 잠시 흘겨보면서 선생님께 되물었습니다.

"뇌는 그럼 한 번 다치면 영영 못 고쳐요? 팔이 부러지면 깁스하고, 살이 찢어지면 꿰매고 약 바르면 낫잖아요. 뇌도 몸의 일부라면서 왜 뇌는 못 고쳐요?"

"안타깝게 뇌세포는 재생이 되지 않아. 우리 몸의 다른 세포들과 다르지. 전 세계의 과학자들이 이 문제를 해결하기 위해 많은 연구를 하고 있지만, 아직까지는 뾰족한 수가 없어. 그래서 뇌를 잘 보호해야 하는 거야. 자전거를 탈 때 헬멧을 쓰잖아. 오토바이를 타는 사람들도 그렇고. 일단 다치면 회복하기 어려우니까."

"선율아, 앞으로 내 머리 때리는 건 사절이야. 내 소중한 뇌세포가 죽으면 큰일이잖아."

"아니, 선율이 너 승주 머리를 때렸니?"

"네, 지난번에 승주 머리에 꿀밤 한 대……."

"머리를 때리면 안 돼. 물론 머리를 때린다고 뇌세포가 죽지는 않아. 우리 뇌는 세 겹의 얇은 껍질과 척수액, 그리고 두개골과 두피, 머리카락으로 안전하게 보호되고 있거든. 그래도 친구를 때리면 안 돼. 머리가 아니더라도 말이지."

"괜찮아요. 저도 선율이 때렸는걸요. 피장파장이죠, 뭐."

"이런이런, 앞으로는 장난으로라도 친구 몸에 손대면 안 된다. 알았지?"

아빠의 당부에 선율이와 승주는 고개를 끄덕이며 대답했습니다.

"그나저나 이제 우리 출발해야지. 이러다 놀이공원 문 닫겠다."

아이들은 박 선생님에게 인사를 하고 병원을 나섰습니다. 그리고 오늘 사람여행의 하이라이트인 놀이공원으로 출발했습니다.

심심함이라는 고통

놀이공원에 도착한 네 사람은 본격적으로 놀기 전에 점심을 먹기로 했습니다. 누구라고 할 것 없이 모두 배가 고팠으니까요. 선율이는 식당에서 밥을 먹으면서 난데없는 질문을 합니다.

"아빠, 심심한 것 때문에 사람이 미칠 수도 있어요?"

"응? 무슨 말이야?"

"어제 집에서 심심해서 엄마한테 투정 부리고 있을 때 오빠가 '심심해 미치겠다.'고 했거든요. 그 말을 듣는데 정말 궁금해졌어요."

맛있게 밥을 먹던 선호는 동생을 째려보았습니다. 왜냐하면 아빠는 평소 아이들에게 '미치겠다'는 표현을 쓰지 말라고 했거든요.

"너희들은 어떻게 생각해? 정말 심심하면 미칠 수도 있을까?"

선호는 아빠한테 꾸지람을 듣지 않았다는 안도감이 들었지만 혹시 아빠가 혼낼지도 모른다는 불안한 마음에 먼저 자백을 합니다.

"아빠, 죄송해요. 오늘 하루를 보내면서 그런 표현이 사람들에게 정신장애에 대한 편견과 오해를 심어 준다는 사실을 잘 알았어요. 이제 안 쓸게요."

아빠는 흐뭇한 얼굴로 선호에게 괜찮다고 말해 주었어요. 승주가 먼저 대답을 합니다.

"아무리 심심하다고 설마 사람이 미치기까지 하겠어요?"

"선율이는 어떻게 생각해?"

"전 가능할 것 같아요. 어제 정말 괴로웠어요. 바쁜 것만 힘든 줄 알았는데 할 일이 없는 것도 너무 힘들더라고요."

"아주 흥미로운 실험 이야기를 해 줄게. 1950년대 캐나다의 어느 대학 심리학자가 대학생들을 대상으로 실험을 한다며 학교 신문과 게시판에 구인광고를 냈지. 심리학 실험에 참가하면 일당 20달러를 주겠다면서 말이야. 지금 우리 돈으로 따지면 10만 원 정도 될 거야."

"와, 실험에 참가하면 돈을 줘요?"

선율이는 신기한 듯 아빠에게 물었습니다.

"응, 심리학 연구는 사람을 대상으로 하고, 어떤 실험은 하루 종일 걸리기도 하거든. 일당을 주는 것은 당연한 거야."

"저도 심리학 실험에 참가해 보고 싶어요. 심리학 실험에 직접 참가도 하고 돈도 벌고 일석이조잖아요!"

"그래, 우리나라는 외국에 비해 심리학 연구가 활발하지 않아서 기회가 있을지 모르겠다만 나중에 좋은 기회가 있으면 참가해 보는 것도 좋겠지? 심리학 발전에 도움도 되고, 또 흥미로운 경험이 될 테니까."

"그런데 도대체 어떤 실험이었어요?"

선호는 그다음 이야기가 궁금한지 아빠를 재촉합니다.

첫째날

"궁금하지? 광고를 보고 모인 대학생들도 마찬가지였어. 광고에는 일당이 얼마인지는 나와 있었지만 구체적으로 어떤 실험인지 설명이 되어 있지 않았거든. 드디어 실험의 책임자가 학생들에게 이렇게 말했지. '여러분이 해야 할 일은 딱 하나입니다. 아무것도 하지 않는 것.'"

"아무것도 하지 않는 것?"

선율이는 눈이 커졌습니다. 아무것도 하지 않는데 하루에 10만 원이라니. 아빠는 선율이를 향해 고개를 끄덕이며 계속 말을 이어 갔습니다.

"응, 그 실험의 목적은 아무런 자극이 없는 지루하고 심심한 상황에서 사람이 얼마나 견딜 수 있는지, 어떤 심리 변화가 일어나는지 관찰하는 것이었어. 연구자는 대학생들을 한 명씩 작은 실험실로 데리고 들어갔어. 그 방에는 간이침대가 있었고, 대학생들은 앞이 잘 보이지 않게 하는 반투명 안경을 쓰고 귀에는 큰 귀마개를 해야 했어. 그리고 감촉을 느끼지 못하게 손과 발을 기다란 통에 넣었어."

둘째날

"엄청 졸릴 것 같은

데, 이 실험에서 혹시 잠을 자면 안 된다는 규칙이 있나요? 아니면 화장실을 못 가게 한다든지 혹은 다른 생각을 못 하게 한다든지 하는 규칙이 있나요? 아, 밥은 주나요?"

"승주가 말한 것은 모두 가능했어. 잠도 잘 수 있었고 다른 생각도 할 수 있었지. 물론 화장실도 갈 수 있었어. 단, 화장실 간다는 핑계로 실험실을 벗어나거나 다른 활동을 할 수 있으니, 연구자들이 화장실 문 앞까지 데려다주고 그 앞에서 기다리다가 볼일이 끝나면 다시 실험실로 데리고 왔지. 식사도 연구자들이 식판에 담아서 실험실로 가져다주고, 간이침대에 걸터앉아 먹게 했어. 지루하고 심심한 상황, 다시 말해 가능한 모든 자극을 빼앗은 상황에서 사람이 어떻게 반응하는지 보려는 실험이었지. 이 실험은 참가자가 그만하겠다고 할 때까지 일당을 계속 받을 수 있고 중도에 그만두더라도 참가한 날에 대한 일당을 받을 수 있었어. 만약 너희들이라면 이 실험에 참가하겠니?"

선호는 고개를 절레절레 흔들었어요.

"저는 안 할래요. 돈도 좋지만 너무 답답하고 지루할 것 같아요."

"저는 할래요! 자도 된다고 했으니 며칠 동안 잠이나 실컷 잘래요."

선율이는 이런 실험이 있다면 당장이라도 뛰어갈 듯 흥분했어요.

"실험에 참가했던 대학생들도 그렇게 생각했어. 평소 부족했던 잠이나 마음껏 자야겠다고 말이야. 실제로 첫날에는 거의 모든 참가자들이 잠을 잤어. 그러나 두 번째 날에는 대부분 잠을 자지 못했지. 눈을 떴지만 아무 자극이 없었고 창문도 없어서 시간이 얼마나 지났는지 알 수도 없었어. 어떤 사람들은 노래도 부르고 평소 못 했던 고민도 실컷 했지만 금세 지루해졌어. 화장실을 핑계로 잠깐 실험 상황에서 벗어날 수도 있었고 침대 끝에 앉아서 식사도 했지만 전혀 위안이 되지 않았지. 결국 대부분의 학생들은 세 번째 날 실험을 포기했단다. 돈을 마다할 정도로 고통스러웠던 거지. 심리학자들이 조사해 보니 대부분의 참가자들은 일시적이지만 주의집중과 기억력에 문제가 생겼고 우울감과 불안을 호소한 이들도 있었어. 그리고 일부였지만 환각까지 경험한 사람도 있었다고 해."

"환각이요? 환각이 뭐예요?"

"환각이란 실제로 존재하지 않는 것을 보거나 듣고 느끼는 현상이야."

"아, 그러니까 흔히 미쳤다고 말하는 상태가 되는 거네요?"

"그렇게 말할 수도 있겠다. 심리적으로 아주 힘들면 환각을 경험하기도 하거든."

선율이는 예전에 읽었던 책 내용이 생각이 났습니다.

"예전에 어느 책에서 읽었는데 감옥에서 받는 가장 큰 벌이 독방에 갇히는 거라고 했어요. 그때는 그게 왜 가장 큰 벌인지 이해가 되지 않았는데 이제 알겠어요."

"맞아. 심리학자들은 이 실험을 통해 사람의 본성에 대해 중요한 결론

을 얻을 수 있었어. 사람이란 본래 자극을 추구하는 존재라는 사실이야. 현대인들은 너무 많은 스트레스를 받으며 살기 때문에 어떤 자극도 받지 않으면 좋을 것 같다고 생각하지만, 그렇지 않아. 우리 마음은 적절한 자극이 있어야만 정상적으로 기능할 수 있어. 자, 여기 놀이공원도 심심함이라는 고통을 해결하기 위한 곳이라고 할 수 있지. 놀이기구를 타면서 우리 마음이 필요로 하는 자극을 추구할 수 있으니까."

"아빠, 이제 마음의 건강을 위해 놀이기구 타러 출동해요. 심심함이라는 고통을 해결해 줄 진통제 맞으러!"

밥그릇을 깨끗이 비운 선율이는 벌떡 일어나며 외쳤습니다. 드디어 놀이기구 타러 출발!

심리학과 독심술의 차이

　식당을 나오자마자 아이들은 눈앞에 펼쳐진 놀이기구를 보고 신이 났습니다. 평소에 타 보고 싶었던 것, 친구에게 들었던 것, 아이들의 마음을 빼앗는 놀이기구가 너무나 많았습니다. 아빠는 아이들에게 무엇을 타고 싶은지 물었습니다.

"난 범퍼카."

"롤러코스터 타고 싶어요."

"전 레일바이크요."

　아이들은 저마다 의견이 달랐습니다. 아빠는 어떤 순서로 타는 게 좋을지 정하자며 제비뽑기나 가위바위보를 제안했습니다. 하지만 아이들은 단호하게 제안을 거절했습니다. 각자 타고 싶은 것을 타겠다고 말입니다. 아빠는 잠시 생각을 하더니 이렇게 말했습니다.

"그래, 너희들 각자 원하는 놀이기구를 타고 와. 한 시간 후에 이 식당에서 보자."

"네!"

아이들은 신이 나서 각자 타고 싶은 놀이기구로 달려갑니다.

아빠는 놀이공원 구경도 하고 쉬기도 하다가 시계를 확인했습니다.

'이제 슬슬 가 볼까. 아이들도 아마 와 있을 것 같은데.'

그런데 정말 아빠의 예상대로 세 아이들은 벌써 식당에서 지친 얼굴로 아빠를 기다리고 있었습니다.

"아니, 너희들 아직 약속 시간이 되려면 10분이나 남았는데 벌써 왔구나?"

마치 이럴 줄 이미 알고 있었다는 듯한 표정으로 웃으면서 말을 건넵니다.

"아빠, 놀이공원이 생각보다 재미가 없어요. 선율이랑 승주도 그랬대요."

선호의 말에 선율이와 승주도 맞장구를 칩니다.

"제가 롤러코스터를 진짜 좋아하는데, 오늘은 하나도 재미가 없었어요."

"하하, 아무래도 그럴 것 같았다."

"예? 어떻게 그걸 미리 아셨어요? 혹시 심리학 공부를 하면 다른 사람 마음을 읽을 수 있는 건가요? 독심술처럼요."

"이런이런, 잘못하다가는 너희들에게 심리학에 대한 오해를 심어 주겠구나. 나는 가설을 세웠던 거야. 모든 과학자는 어떤 현상에 대해 나름의 가설을 세운단다. 다시 말해 '이 현상의 원인은 무엇일 것'이라고 예상이나 추측을 하는 거지. 그리고 자신의 가설이 맞았는지를 확인하기 위해서 증거를 수집하지."

"그거랑 독심술이랑 뭐가 다른지 모르겠어요. 작년에 친구 하나가 자기가 독심술을 배웠다면서 제가 제 짝을 좋아한다는 거예요. 제가 아니라고 했는데도 자기 말이 맞다고 끝까지 우겨서 얼마나 속이 터졌는지 몰라요. 아빠 말씀대로 하자면 그 친구도 제 마음에 대한 가설을 세운 거잖아요."

선율이는 그 일이 꽤나 억울했는지 약간 상기된 목소리로 따졌습니다.

"그래, 그렇게 생각하면 비슷해 보이지. 가설을 먼저 세운다는 점에서는 말이야. 하지만 독심술과 심리학 사이에는 중요한 차이점이 있단다. 바로 증거를 수집한 이후의 태도지. 그 친구처럼 독심술을 한다고 우기는 사람들은 상대가 아니라고 부인해도, 즉 증거가 없는데도 자기 가설을 수정하지 않지? 하지만 심리학자들은 증거가 틀렸다고 확인이 되면 자신의 가설이 틀렸다고 인정한단다."

"하지만 어른들은 자신들의 생각이 틀려도 인정하지 않고 오히려 어린이들에게 큰소리를 칠 때가 많은 것 같아요."

"그래, 분명 그런 어른도 있지. 아저씨도 어렸을 때는 세상 모든 어른이 모두 똑같아 보였어. 그런데 막상 어른이 되고 보니 어른도 사람마다 천차만별이더구나."

"음, 아저씨는 자기 말만 맞다고 우기는 다른 어른들하고는 분명히 다른 것 같아요."

"나도 심리학자가 되기 전에는 내 생각이 늘 맞다고 생각했어. 고집이 세다는 이야기를 자주 들었지. 그런데 증거에 따라 자신이 세운 가설이 틀렸다는 사실을 인정하는 훈련을 받으면서 사람들은 모두 각자의 입장이 있다는 것을 알게 됐지. 그리고 심리학 공부를 하면서 깨달은 사실이 있어. 사람이 살아가는 세상에서 무엇이 옳고 그른지, 혹은 누가 맞고 틀린지보다는 우선 아무런 판단도 하지 말고 서로를 있는 그대로 이해하는 것이 중요하다는 거야."

"아까 아빠가 말씀하셨잖아요. 심리학은 옳고 그름을 판단하는 학문이 아니라 사람들의 마음과 행동의 원리를 발견하는 학문이라고."

선율이는 그걸 기억하고 있는 스스로가 대견한지 뿌듯한 표정입니다.

"선율이가 잘 기억하고 있네. 아무튼 내가 너희들 마음에 대해 이야기했던 것은 너희들 마음을 훤히 들여다보았기 때문이 아니란다."
"그럼 어떻게 아셨어요?"
"귀인이야."
"귀신이요?"
선율이의 엉뚱한 소리에 모두가 웃습니다.

잘되면 내 탓, 안되면 남 탓

"귀인이란 원인을 찾는다는 말이야. 사람들은 자신이나 타인의 마음과 행동에 대해 늘 궁금해한단다. 특히 평소와 다를 때 귀인을 더 많이 하지. 예를 들자면 '오늘따라 내 기분이 꿀꿀한데 왜 그럴까?', '엄마는 지금 무엇 때문에 화가 나셨지?', '선생님 기분이 좋아 보이는데, 무슨 일 때문일까?' 같은 생각이 바로 귀인이야."

"아빠, 귀인이 그런 거라면 저는 날마다 귀인을 하는데요? 전 아빠나 엄마, 선율이를 볼 때마다 늘 왜 저렇게 말하고 행동하는지 자동적으로 생각하거든요."

"내 행동을 보면서 맨날 그런 생각을 했단 말이야? 왜? 내 행동이 어때서?"

"야, 넌 정말 이해하기 힘든 녀석이거든."

"이상하다. 나는 그런 거 별로 궁금하지 않은데."

"그래, 사람마다 조금 다를 수는 있겠지만 귀인은 일반적인 것보다는 특이한 것, 예상했던 것보다는 예상치 못했던 것, 긍정적이고 즐거운 것보다는 부정적이고 불행한 것에 대해 일어나는 경향이 있단다. 예를 들어 볼까? 아침에 학교 가는 길을 상상해 보자. 삼삼오오 정문으로 걸어가는 아이들을 보면 선율이는 무슨 생각을 하니?"

"무슨 생각을 하냐고요? 아무 생각 없는데요."

"그렇지. 대부분 별 생각을 하지 않을 거야. 아침에 학교를 향해 걸어가는 모습은 누가 봐도 일반적이고 예상 가능한 일이거든. 그럼 이건 어떨까? 대부분의 아이들이 학교를 향해 가고 있는데, 어떤 아이가 학교 정문에서 뛰어나와서 아이들과 반대 방향으로 뛰고 있어. 아주 걱정스러운 표정으로 말이야. 이런 모습을 보면 선율이는 무슨 생각이 들 것 같니?"

"정말 그런 일이 있었어요. 방학 일주일 전에요. 그때 전 '무슨 일일까? 집으로 가는 건가? 숙제를 안 가져왔나 보네.' 생각했어요."

"야, 아까는 다른 사람들을 보면서 아무 생각 안 한다며! 자기도 그렇게 귀인하는구만."

"아, 그런 게 귀인이야?"

그런데 바로 그때였어요. 저쪽 멀리서 빈 그릇이 담긴 쟁반을 들고 걸어가던 어떤 아이가 정수기 앞에서 꽈당 넘어졌습니다. 사람들의 눈이 모두 그리로 쏠렸죠. 그 장면을 본 선율이와 승주, 그리고 선호는 킥킥거리며 웃기 시작했어요. 선율이는 넘어진 아이를 보면서 이렇게 말했습니다.

"쯧쯧, 덜렁대니까 저렇게 넘어지지."

"얘들아, 우리가 웃으면 저 애가 속상해할 거야. 웃지 말자."

아빠는 아이들에게 주의를 준 뒤 아까 하던 이야기를 이어 갔습니다. 선율이는 화장실에 다녀오겠다고 자리를 떴습니다.

"심리학자들은 귀인에 대한 연구를 하던 중 흥미로운 사실을 발견했어. 어떤 행동의 이유가 환경에 있는 게 분명한데도, 사람들은 상대방의 성격이나 의도에서 그 이유를 찾으려 한다는 거야. 집안 사정 때문에 공부를 할 수 없는 상황에 있는 친구가 있다고 하자. 그런데 주변 사람들은 그 친구가 게을러서 공부를 안 한다고 판단할 수 있어. 이런 것을 가리켜 **기본적 귀인 오류**라고 한단다. 기본적이라는 표현이 붙은 이유는 그만큼 많은 사람들이 저지르는 오류이기 때문이야."

아빠 이야기가 끝날 무렵, 화장실에서 나온 선율이가 정수기 앞을 지나다가 쫘당 넘어졌습니다. 그 모습을 본 선호와 승주는 다시 웃음이 터졌어요. 아빠도 두 아이만큼은 아니지만 웃음을 참기 어려워했습니다. 사실 세 사람이 웃었던 가장 큰 이유는 아까 선율이의 말 때문이었습니다. 다른 아이가 넘어질 때 덜렁댄다고 했던 선율이가 넘어졌으니 웃지 않을 수 없었죠.

"아 진짜, 정수기 앞에 물이 많아요. 사람들이 정수기 물을 받으면서 흘렸나 봐요!"

"선율아, 아까 다른 아이가 넘어질 때는 덜렁댄다고 하더니 이번에 네가 넘어지니까 바닥이 미끄럽다고 하네?"

"그게……."

선율이는 아무 말도 못하고 얼굴만 붉어졌고, 승주는 뭔가 깨달았다는 듯이 질문을 했어요.

"아저씨, 이것도 귀인 아닌가요? 다른 사람이나 자신이 넘어진 행동에 대한 원인을 찾은 거니까요."

"맞아. 이런 것도 귀인이야. 승주가 말했듯이 똑같은 행동에 대해 자신과 타인에 대해 다르게 귀인한다고 해서 **행위자-관찰자 편향**이라고 한단다. 다시 말해 자신이 직접 행동했을 때와 타인의 행동을 관찰했을 때 귀인이 달라지는 현상이지."

"같은 행동인데 왜 귀인을 다르게 하죠?"

"여러 가지 이유가 있지만 그중의 하나는 보는 것이 다르기 때문이란다. 아까 우리가 넘어진 아이를 보았을 때는 '넘어지는 아이'가 보였지? 하지만 선율이가 직접 넘어지면서는 무엇이 보였을까? 선율이가 대답해 볼래?"

"바닥이 보였죠. 물기가 있는 미끄러운 바닥이요."

"맞아. 우리가 행위자일 때는 주변 환경이 보이고, 관찰자일 때는 그 사람이 주로 보이지. 그러니 행위자일 때는 환경 탓을 하고 관찰자일 때는 그 사람 탓을 하기 쉬워."

"지금 하신 말씀은 친구랑 싸울 때 자주 듣는 말 같아요. 내가 하면 어쩔 수 없는 일이고, 남이 하면 일부러 그랬다고 생각하잖아요."

"어린이만 그러는 게 아니야. 어른도 이런 오류는 저지르기 쉽지."

선율이는 뭔가 깨달았다는 듯이 말합니다.

"아빠, 제가 그런 오류를 저지른 거네요. 그동안 제가 너무 쉽게 다른 사람들의 행동을 성격의 문제로 생각했다는 것을 이제 확실히 알겠어요."

"다행이다. 우리 동생, 이제라도 깨달았다니 앞으로는 조금 더 괜찮은 동생이 되면 좋겠다."

"오빠, 내가 좀 실수는 많고 가끔씩 말도 함부로 하지만 내 덕분에 오빠도 행위자-관찰자 편향에 대해서 정확히 알았잖아. 그치?"

"선호 오빠, 선율이가 좀 말을 함부로 하는 편이지만 지금 한 말은 매우 정확한 말 같네요."

"고맙다. 내 친구."

선율이의 장난과 승주의 능청에 선호가 혀를 내두릅니다.

"그래, 내가 졌다 졌어. 하하."

함께 놀아야 제맛

함께 이야기하는 동안 시간은 벌써 30분이나 지났습니다.

"그런데 너희들 안 나갈 생각이야? 시원한 식당에 앉아서 심리학 이야기를 하면 나야 좋지만, 너희들은 오늘이 지나면 억울해할 것 같은데?"

"하지만 오늘 놀이기구가 재미가 없어요."

"그래, 우리가 이런 이야기를 하게 된 이유가 바로 그거였지."

"대체 왜 재미가 없는 걸까요?"

"너희들이 재미없게 느낀 이유는 간단해. 혼자 놀았기 때문이야.

1890년대 미국 어느 대학의 한 심리학자는 사이클 경주 선수이기도 했어. 그런데 어느 날 사이클 선수들의 행동에서 흥미로운 사실을 목격했지. 사이클 선수들이 혼자 달릴 때보다 다른 선수와 함께 달릴 때 기록이 잘 나온다는 걸 발견한 거야. 시합 때는 물론이고, 기록이나 경쟁과 상관없는 연습 때도 마찬가지였어. 선수들은 동료와 함께 달릴 때 페달을 더 힘차게 밟았어. 처음부터 전력을 다하는 것보다 여유 있게 몸을 푸는 것이 더 유리하다는 것을 선수들도 잘 알면서 말이야. 이렇게 다른 사람과 함께 할 때 더 열심히 하게 되는 현상을 사회적 촉진이라고 해."

"집에서 혼자 밥을 먹을 때보다 학교에서 친구들과 함께 급식을 먹을 때 더 맛있는 이유, 혼자 공부하거나 책을 읽는 것보다 도서관에서 공부하거나 책을 읽으면 잘되는 이유도 사회적 촉진 때문인가요?"

"그렇지, 선호가 잘 아는구나!"

"아빠, 이런 경우는 어때요? 1학기에 반별 체육대회를 했거든요. 저희 반이 결승에 나가서 전교생이 보는 앞에서 경기를 했는데, 관중이 없는 예선보다는 관중이 있을 때 하니까 더 신나고 더 열심히 하게 됐어요. 저만의 느낌인가 했는데 친구들도 그랬대요. 이것도 사회적 촉진 맞죠?"

"맞아. 선율이도 잘 이해했구나. 아까 선호가 이야기한 것은 함께 행동할 때 나타난다고 해서 공통행동 효과라고 하고, 선율이가 말한 것은 관중이 있을 때 나타난다고 해서 관중 효과라고 하지."

"아저씨, 그런데 동물들한테도 사회적 촉진 현상이 나타나나요?"

"승주는 어떻게 그런 생각을 했지?"

"시골 사시는 할머니가 닭을 키우시거든요. 작년 여름방학에 할머니 댁에 갔을 때, 제가 닭 한 마리에게 모이를 주니 건성으로 먹더라고요. 그런데 다른 닭들이 나타나니까 모두 함께 엄청 열심히 먹이를 먹는 거예요. 그게 너무 신기했어요."

"에이, 우연히 그런 거겠지. 머리 나쁜 닭들이 알고 그랬겠어?"

"승주 말이 맞아. 심리학자들의 연구 결과 사회적 촉진은 동물들에게서도 나타났어. 승주가 봤던 것처럼 실제로 어느 연구에서 닭은 혼자 있을 때보다 함께 있을 때 60퍼센트까지 더 먹고, 심지어 다른 닭이 모이 먹는 장면을 영상으로 보여 줘도 혼자 먹을 때보다는 더 많이 먹었다고 해. 심지어 바퀴벌레들에게서도 심리적 촉진 현상을 볼 수 있어."

아이들은 모두 깜짝 놀랐습니다.

"바퀴벌레 이야기 자세히 듣고 싶어요."

"어느 심리학자가 72마리의 암컷 바퀴벌레로 실험을 했어. 직선으로 뻗은 통로를 만들고 그 통로를 달리게 했지. 방법은 간단해. 통로 끝에 바퀴벌레가 좋아하는 음식물을 두었거든. 혼자 달리게도 해 보고 다른 바퀴벌레들과 함께 달리게도 해 봤어. 그랬더니 혼자일 때보다는 여럿이 달릴 때 더 빠르게 달렸지. 공통행동 효과가 나타난 거야. 그렇다면 관중 효과도 있을지 궁금하게 여긴 그 심리학자는 통로 주위에 바퀴벌레들을 몰아넣고 친구의 달리기를 관람하게 했어. 그랬더니 놀랍게도 혼자 달릴 때보다 친구들이 보고 있을 때 더 빠르게 달렸단다."

"와, 정말 기가 막히게 재미있어요. 세계 최초의 바퀴벌레 육상대회네요. 혼자 달리기도 하고 함께 달리기도 하고, 게다가 관중까지!"

선율이와 승주는 바퀴벌레 이야기에 신이 난 표정입니다.

"하지만 저는 오히려 혼자 할 때가 더 편하고 더 잘할 때도 있어요. 예를 들자면 수학 문제 풀 때요. 혼자 할 때는 잘하다가도 친구가 보고 있으면 안 풀릴 때가 많거든요."

"선호 말도 일리가 있어. 심리학자들은 여러 연구를 통해서 다른 사람의 존재가 때로는 오히려 방해가 되기도 한다는 사실을 발견했어. 이런 현상을 **사회적 저하**라고 해. 사회적 저하가 일어나는 원인은 바로 과제의 난이도야. 즉 어려운 과제를 할 때는 타인의 존재가 방해가 되고, 쉬운 과제를 할 때는 도움이 된다는 거지. 좀 전에 이야기했던 바퀴벌레도 마찬가지였어."

"와, 바퀴벌레에게 이번에는 어려운 과제를 시킨 거예요?"

선율이는 신이 났죠. 아빠는 냅킨을 한 장 뽑아서 탁자 위에 편 후 주머니에서 볼펜을 꺼내 간단한 그림을 그렸습니다.

"첫 번째 실험에서 바퀴벌레는 이렇게 곧게 뻗은 일자 통로를 달렸어. 관중석은 이렇게 통로 옆에 있고. 그런데 이번 실험 통로는 일자가 아니라 십자 모양이야. 바퀴벌레는 중앙에 있는 교차로에서 우회전을 해야만 하지. 사람에게는 쉽겠지만 바퀴벌레에게는 꽤 어려운 과제란다. 그

런데 십자 통로 달리기에서는 함께 달리거나 관중이 있을 때 혼자 달릴 때보다 시간이 더 오래 걸렸어."

"그리고 보니 저도 제가 잘 못하는 음악이나 미술 과제는 혼자 할 때 더 잘되는 것 같아요. 누가 보면 긴장해서 그런지 실수를 많이 하게 돼요. 어떻게 해야 다른 사람이 볼 때도 잘할 수 있을까요? 혼자서는 잘하다가 다른 사람 앞에서 잘 못하면 속상해요."

선호의 질문에 아빠는 자신의 경험을 말해 주었습니다.

"아빠도 예전에는 여러 사람 앞에서 말하는 게 너무 어려웠어. 하지만 강의를 해야 하는 상황이 자주 생기고 그렇게 많이 하다 보니까 결국 어려웠던 일이 점점 쉽게 느껴지고 이제는 사람들 앞에서도 잘하게 된 것 같아."

"결국 많이 연습하는 방법밖에 없네요."

"아, 저 알겠어요! 오늘 우리가 놀이공원이 재미없다고 생각한 건 혼자 놀았기 때문이라는 거죠? 놀이기구 타는 것은 쉽고 재미있는 과제니까 같이 해야 사회적 촉진이 일어나서 재미를 더 많이 느낄 테니까요. 맞죠?"

"그래, 승주가 잘 이해했구나."

"그러니까 다 함께 놀이기구를 타면 재미있을 거라는 말씀이죠?"

선율이도 뭔가 깨달았다는 듯이 아빠를 바라보며 묻습니다.

"맞아. 이제 재미있게 놀 수 있는 심리 법칙을 알았으니 나가서 놀이공원을 즐겨 볼까? 출발!"

아빠의 힘찬 외침에 아이들도 모두 신이 나서 식당 밖으로 나갔습니다.

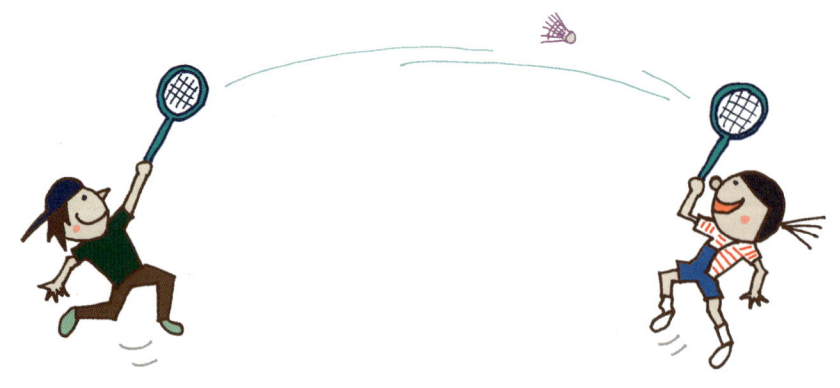

스마트폰을 심리학자가 만든다?

함께 놀이기구를 타니까 역시 놀이공원은 즐거운 곳이었습니다. 시간이 가는 줄 모르고 신나게 놀았고 이제 집에 돌아갈 시간이 되었죠. 떠나기가 아쉬웠지만 네 사람은 다시 집에 가는 지하철을 탔습니다.

퇴근 시간과 맞물린 지하철은 만원이었습니다. 선호와 선율이는 피곤한 기색이 역력했죠. 그런데 승주는 좀 달랐습니다. 무슨 재미있는 구경거리라도 발견했는지 계속 주위를 두리번거리고 있었습니다.

"승주야, 뭐 찾아?"

"오빠, 사람들 좀 봐. 모두 하나같이 스마트폰을 보고 있어."

그제야 선호는 주변을 둘러봅니다.

"저게 뭐가 신기해? 내 친구들도 같이 있을 때 계속 스마트폰만 보고 있는 걸. 난 스마트폰이 없지만……."

선호는 뭔가 바라는 눈빛으로 아빠를 쳐다봅니다.

"전에도 약속했지만 중학생 되면 허락할 거야. 좀 더 기다리자. 알았지?"

"그런데 왜 엄마, 아빠는 초등학생 때는 스마트폰을 못 쓰게 하세요?"

"어렸을 때 스마트폰을 과도하게 사용할 경우 여러 면에서 좋지 않다는 연구들이 많아. 하지만 꼭 심리학 연구 때문만은 아니야. 지금 이 지하철에 있는 사람들을 좀 보렴. 서로의 얼굴은 보지 않고 자신의 스마트폰만 보잖아. 요즘에는 친구들끼리 모여도 가족끼리 모여도 스마트폰만 보는 사람들이 많던데, 아빠는 너희들이 옆에 있는 진짜 사람들과 소통하는 법을 먼저 배우면 좋겠어."

"아저씨, 저희 부모님도 아저씨랑 비슷한 이야기를 하셨어요. 너무 일찍부터 스마트폰에 빠지면 중독된다고요. 그래서 우리 집도 스마트폰 금지예요. 근데 우리 엄마는 대학생 된 다음에 허락하겠다고 하시던데 아저씨는 왜 중학생 되면 사 준다고 하세요?"

"사실 중독 가능성을 생각하면 나도 대학생이 된 다음에 쓰라고 하고 싶어. 뇌가 한창 성장하는 너희들 나이에는 중독에 빠지기 쉽거든. 그래서 미성년자에게는 술과 담배 판매를 금지하는 거야. 하지만 지금 중고등학생들은 스마트폰이 없으면 친구들과 소통이 잘 안되더구나. 스마트폰이 없어서 사람들과 함께 지내는 것이 어렵다면 그것 또한 문제잖아? 또 부모의 생각과 고집 때문에 사랑하는 아이들의 의견을 완전히 무시하는 것도 좋은 방법은 아니고."

"친구들이 가지고 있는 최신 스마트폰을 보면 너무 부러워요. 스마트폰이 뭐길래! 왜 이렇게 가지고 싶은 걸까요?"

선율이의 질문에 아빠가 주머니에서 스마트폰을 꺼냅니다.

"스마트폰이 사람의 마음을 훔치기 때문이지. 너희들 스마트폰을 처음 만져 본 게 언제였는지 기억나니? 그때 스마트폰 사용법을 누구에게 배우거나 설명서를 보면서 공부했을까?"

"아니요. 그냥 이것저것 눌러 보면서 자연스럽게 익힌 것 같아요."

"그러고 보니 신기해요. 어떻게 배우지 않고서도 그렇게 빨리 스마트폰 사용법을 익힐 수 있었을까요? 아, 알았다! 스마트폰 만들 때도 심리학이 어떤 역할을 하는 거죠?"

"눈치챘구나. 맞아, 스마트폰 만들 때도 심리학자가 참여해. 우선 반도체나 온갖 부품은 전자공학을 비롯해 다양한 분야의 공학자들이 만들어. 그리고 스마트폰 겉모양, 화면의 아이콘이나 조작 방법이 쉽도록 디자인 하는 건 디자인을 전공한 사람들의 작품이지. 하지만 제 아무리 공학자와 디자이너가 성능 좋고 보기 좋은 스마트폰을 만들더라도 사용하기 편리하지 않으면 안 팔리겠지? 바로 이 지점에서 심리학자들이 참여한단다.

사람들의 마음과 욕구를 연구하는 심리학자들이 스마트폰 제작에 참여하면서, 사람들은 더 이상 기계 사용법을 배울 필요가 없어졌어. 왜냐

하면 기계가 인간에게 맞춰 주기 시작했거든. 요즘에는 스마트폰을 판매하는 회사에서도 설명서를 주지 않아. 아빠가 20년 전에 처음 핸드폰을 살 때만 해도 설명서를 보고 사용법을 공부해야 했는데 말이지."

"세상 모든 일이 내맘대로 안 되는데, 스마트폰은 너무나 자연스럽게 우리 마음을 기분 좋게 해 주니까 사람들이 스마트폰에 빠질 수밖에 없겠어요."

"하하, 승주가 아주 정확하게 이해했구나. 어차피 나중에 어른이 되면 스마트폰을 사용하기 싫어도 사용하게 될 텐데 벌써부터 스마트폰에 마음을 빼앗길 필요가 없을 것 같아."

아빠는 승주에게 말하는 척하면서 은근히 선호를 쳐다봅니다.

"그래도 난 중학생 되면 살 거예요."

"그래. 엄마 아빠 생각해서 초등학교 졸업할 때까지 기다려 주었는데, 그때는 너도 하고 싶은 대로 해야지."

"아빠, 아까 심리학에서 사람들이 어떻게 외부의 정보를 받아들이고 처리하는지를 연구한다고 하셨죠? 그럼 그 연구결과를 이용하면 사람처럼 생각하고 판단하는 로봇이나 인공지능도 만들 수 있는 것 아닌가요?"

"맞아. 인공지능과 로봇 분야에도 심리학자들이 참여하고 있어. 얼마 전에 뉴스를 보니 사람처럼 표정을 짓는 로봇이 나왔더구나. 이런 로봇을 개발하려면 당연히 사람의 감정에 대한 심리학 연구가 먼저 필요하겠지?"

"전 로봇을 만드는 과학자가 되고 싶었는데 심리학자가 되는 것도 좋겠네요!"

"그래, 공학자들이 로봇의 몸을 만든다면 심리학자들은 로봇의 마음

을 만든다고 할 수 있지."

"로봇을 만드는 심리학자라니, 생각만 해도 끝내줘요!"

"정말 심리학자가 하는 일이 생각보다 훨씬 많네요. 하긴 사람의 마음과 행동을 연구하는 게 심리학이니까 당연한 거 같아요."

로봇 이야기가 나오자 선율이는 신이 났고 승주는 심리학의 광범위한 활용에 감탄을 했습니다.

"선호는 피곤하니? 말도 별로 없고 표정이 안 좋네."

"예전에 봤던 영화가 생각나요. 사람과 구별할 수 없을 정도로 사람 같은 로봇이 나오는 영화였거든요. 그때 영화를 보면서는 '설마 저런 세상이 오겠어?' 생각했는데, 아빠 말씀을 들어 보니 정말 그런 세상이 오겠구나 싶어요."

"그런데 왜 표정이 안 좋아? 그런 세상이 오면 재미있지 않겠어?"

"정말 재미있기만 할까? 아무리 사람처럼 생각하고 말할 수 있다 해도 로봇은 어쨌든 사람이 만든 기계잖아. 그런 로봇이 사람이 하는 모든 일을 할 수 있는 세상이 된다면 난 어쩐지 기분이 이상할 것 같아."

"그래도 난 내 말을 잘 듣고 나랑 잘 놀아 주는 로봇을 만들고 싶어. 날 괴롭히지 않는 친구 로봇."

승주의 이야기에 아빠가 조심스럽게 묻습니다.

"승주야, 혹시 요즘 힘든 일 있니?"

승주는 고개를 숙이고 말이 없습니다.

친구가 괴롭혀요

"아빠, 학교에서 승주를 괴롭히는 친구들이 있대요. 사실 아까 전학 간 오빠 친구 이야기 나왔을 때 말하고 싶었어요."

선율이가 승주를 대신해 이야기합니다.

"저는 승주가 가끔 하는 엉뚱한 말들이 재미있고 좋은데, 그걸 놀리는 친구들이 있나 봐요."

"승주야, 부모님도 이 사실을 알고 계시니?"

"아니요. 모르세요."

"왜 이야기 안 했니? 혹시 혼날까 봐?"

"예전에 말씀드렸더니 화를 내셨어요. 그렇게 엉뚱한 이야기를 눈치 없이 하니까 친구들이 만만하게 보는 거라고. 그래서 그다음부터는 이야기 안 해요."

"친구들은 장난으로 한 거라고 해도 네 느낌이 더 중요해. 너는 친구들이 그런 장난을 치면 기분이 어떠니?"

"처음에는 괜찮았는데 자꾸 그러니까 힘들어요. 학교에 가기 싫을 때도 있고."

"그럼 부모님에게 꼭 말씀드려야 해."

"또 혼내실 거예요. 혹시 아저씨가 저희 부모님에게 말하려고 하시는 건 아니죠? 말하지 마세요."

"승주 말대로 부모님이 당장은 화를 내실 수도 있어. 하지만 화내는 이유가 네가 잘못했기 때문은 아니야."

"잘 모르겠어요."

"그럼 이렇게 얘기해 볼까? 승주 부모님은 친구들에게 괴롭힘을 당하는 자기 아이가 싫을까, 아니면 자기 아이를 괴롭히는 친구들이 싫을까?"

"저를 싫어하지는 않겠죠."

"맞아. 사실 많은 부모들이 자녀에게 화내는 이유는 자녀가 싫어서가 아니라 속상하기 때문이야. 너무 속상하면 스스로를 탓하잖아. 부모와 자식은 감정적으로 너무 가까워서, 부모는 자녀 문제를 마치 자신의 문제처럼 여기기 때문에 쉽게 속상해하고 화를 내는 거야.

부모님에게 한번 여쭤 보렴. '내가 정말 밉고 싫어서 화를 내시는 거예요? 아니면 이런 일이 벌어져서 속상해서 그러신 거예요?' 하고 말이야."

"네, 그럴게요."

지하철에 사람들이 조금씩 줄기 시작하더니 마침 빈자리가 나서 선호는 선율이와 함께 건너편 자리에, 아빠는 승주와 함께 앉았어요.

"그런데 친구들이 괴롭힐 때 제가 어떻게 해야 할지 모르겠어요. 학교

폭력 예방교육 시간에 보건 선생님은 친구들이 괴롭히면 가만히 있지 말고 '하지 마!' 하고 말해야 한다고 하셨거든요. 그래서 저도 친구들에게 그렇게 말하는데, 이상하게 친구들은 더 재미있다는 듯이 웃으면서 저를 괴롭혀요."

"내가 그 상황을 직접 보지는 못했지만, 아마도 승주의 반응이 그 괴롭히는 친구의 행동에 강화물로 작용하는 것 같다."

"강화물이 뭐예요?"

"강화물은 다른 말로 보상이라고도 해. 어떤 행동을 지속시키고, 즉 강화시키는 외부의 자극을 말한단다. 좀 어렵지? 자, 혹시 이 스마트폰 전에 써 본 적 있니?"

"아니요. 처음 보는 스마트폰이에요."

"잘됐구나. 화면을 켜 볼래?"

승주는 스마트폰을 받아서 이것저것 눌러 보았습니다. 그러다가 뒤쪽에 있는 어떤 버튼을 우연히 누르자 화면이 켜졌습니다. 그런데 워낙 이것저것 눌렀기 때문에 어느 버튼으로 켜진 것인지 정확히 알지 못했습니다. 그러자 아빠는 스마트폰을 가져가서 화면을 끈 다음, 다시 돌려주면서 켜 보라고 했습니다. 승주는 처음처럼 이것저것 시도해서 성공했습니다. 처음보다는 시간이 빨라졌습니다. 아빠는 다시 화면을 끈 다음 승주에게 주었고, 승주는 다시 켰습니다.

"승주야, 처음 보는 스마트폰인데도 이제는 화면을 빠르게 켜네. 한 가지 질문을 해 볼게. 어떻게 할 수 있게 되었을까?"

"이것저것 누르다 보니 켜졌어요. 자꾸 해 보니까 알겠던데요. 그다음에는 식은 죽 먹기죠."

"맞아. 승주가 이 버튼을 눌렀을 때 화면이 켜졌지. 그래서 화면을 켜기 위해 이 버튼을 눌렀고, 그때마다 화면이 켜졌지. 방금 했던 이 실험에서 승주가 버튼을 누르는 행동을 강화를 받은 거라고 한단다. 여기서 강화물은 화면이 켜지는 거야. 만약 승주가 아무리 눌러도 화면이 켜지지 않는다면 승주의 행동은 강화를 받지 못하고 결국 사라지겠지."

"음, 좀 헷갈려요."

아빠는 스마트폰으로 그림 하나를 찾아 보여 주었어요. 그림에는 레버와 먹이통이 설치된 상자에 쥐가 한 마리 들어 있었죠.

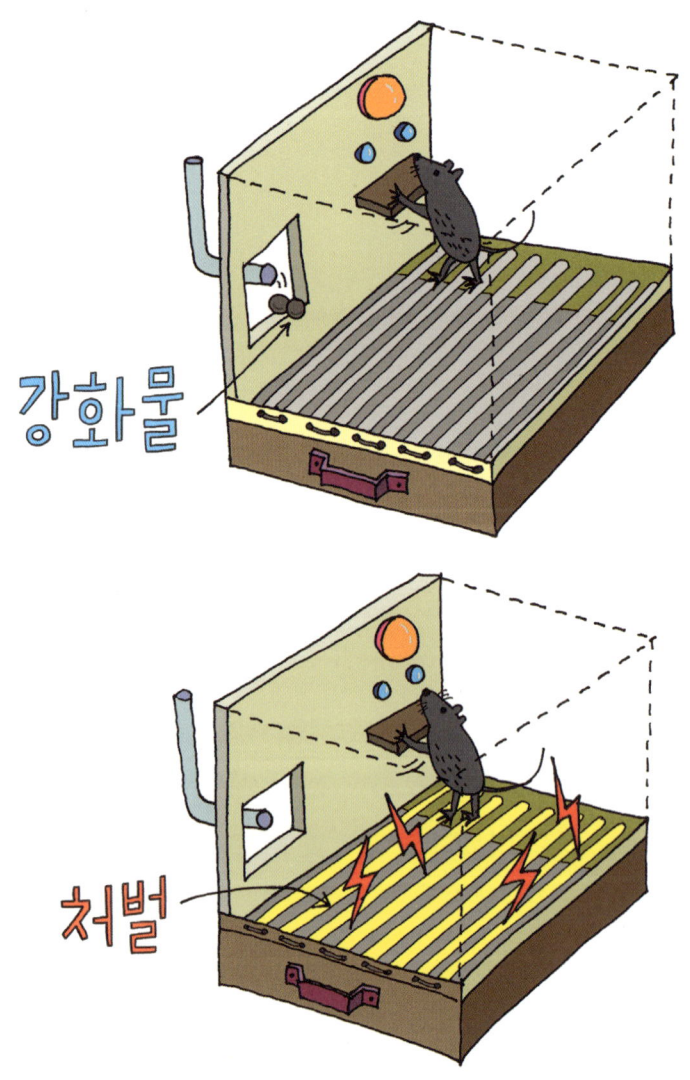

"이 쥐는 지금 배가 고프단다. 먹이를 먹으려면 자기 앞에 있는 레버를 눌러야 해. 레버를 누르면 먹이가 나와. 쥐가 처음부터 레버를 정확히 찾아 누를 수 있을까?"

"그렇지는 않을 것 같아요. 아마 제가 스마트폰을 이것저것 눌러 본 것처럼 쥐도 그렇게 하겠죠. 그리고 우연하게 레버를 누르게 되고, 결국에는 배가 고플 때마다 레버를 누르겠죠. 아, 알겠어요. 여기서 쥐가 레버를 누르는 행동이 계속되는 것이 강화고, 그 원인이 되는 강화물이 먹이라는 거죠?"

"승주는 이해가 정말 빠르구나. 맞아. 사람뿐 아니라 동물 역시 이와 같은 원리로 행동을 학습해. 그럼 이번에 쥐가 레버를 누를 때마다 바닥에 전기를 통하게 한다면 어떻게 될까?"

"그야 당연히 안 누르겠죠. 그런데 생각만 해도 쥐가 불쌍해요. 발바닥이 얼마나 따끔거리고 아플까요. 그런데 심리학자들이 이런 동물 연구도 해요?"

"의학이나 약학을 비롯해 다른 분야에서도 사람을 대상으로 실험을 할 수 없을 때 동물을 대상으로 한단다. 물론 동물이라고 마음대로 실험을 해서는 안 되지만 말이야. 어쨌든 승주가 말한 것처럼 쥐는 레버를 점점 누르지 않겠지. 아까 행동이 점점 증가하는 것을 강화라고 했다면, 이렇게 행동이 감소하는 것을 처벌이라고 해."

"처벌이요? 매로 때리는 체벌을 말씀하시는 건가요?"

"체벌은 처벌의 한 종류일 뿐이야. 행동이 점점 줄어드는 것이라면 모두 처벌이라고 할 수 있단다. 보건 선생님이 괴롭히는 친구에게 '하지 마!'라고 말하라고 한 건, 괴롭히는 친구의 행동을 감소시키기 위한 방법이라고 생각하신 거야."

"맞아요. 그렇게 말하면 친구들이 덜 괴롭힐 거라고 하셨어요. 그런데 왜 그렇게 말할수록 더 괴롭힐까요?"

"처벌이 효과적으로 작용하려면 상대가 위협을 느낄 정도로 강해야 해. 그런데 아저씨가 오늘 하루 종일 승주와 함께 다녀 보니 승주가 '하지 마!'라고 말할 때 상대가 그리 위협을 느낄 것 같지는 않아. 아주 큰 소리로 상대를 노려보면서 강하게 말해야 하거든. 처벌이 강하지 않으면 상대는 오히려 재미를 느껴서 그 행동이 강화를 받게 된단다."

"맞아요. 저는 누구에게 소리를 지르거나 화를 내는 게 어려워요. 그럼 개들이 저를 더 괴롭히는 것이 결국 제 탓이라는 말씀인가요? 저희 부모님도 비슷하게 말씀하신 적이 있어요. 제가 오죽하면 친구들이 괴롭히 겠냐고요."

"부모님은 속상해서 그렇게 말씀하셨을 거야. 친구들이 괴롭히는 것이 승주 탓이라는 말씀은 아닐 것 같구나. 지금 너의 반응이 중요하다고 한 것은 잘잘못을 따지거나 책임을 묻기 위해서가 아니야. 아까 오전에 했던 이야기 생각나니? 심리학은 옳고 그름을 따지기 위한 학문이 아니라 인간의 마음과 행동에 숨어 있는 원리를 연구하는 학문이라는 말. 그 원리를 잘 활용하면 승주가 상황을 변화시킬 수 있다는 이야기를 하고 싶은 거야."

금방이라도 울 것 같은 표정을 지었던 승주는 아빠의 얼굴을 똑바로 쳐다보았습니다.

"아까 강화에 대한 이야기를 했지? 어떤 행동을 했을 때 외부의 자극 때문에 그 행동이 증가하는 현상이 강화잖아. 그런데 어떤 행동을 하더라도 외부의 자극이 없다면 어떻게 될까? 좀 전에 보여 줬던 쥐 상자를 생각해 보자. 먹이통의 먹이가 다 떨어져서 쥐가 레버를 눌러도 먹이가 나오지 않는다면, 쥐는 어떻게 반응할까?"

"몇 번 더 해 보다가 결국에는 레버를 누르지 않겠죠."

"맞아. 학습했던 행동도 외부의 자극이 없다면 사라지는 법이야. 이것이 **소거**야."

"처벌과는 뭐가 달라요? 처벌도 행동을 줄이는 방법이라고 하셨잖아요."

"그렇지. 그런데 처벌은 행동의 빈도를 줄이기 위해 행동하는 상대가 싫어할 만한 자극을 주는 것이고, 소거는 아무 반응도 하지 않는 거야. 처벌의 자극이 약하면 오히려 상대의 흥미를 끌어서 반대로 작용할 수가 있어. 처벌을 하려고 했는데 강화가 되는 꼴이지. 승주가 했던 '하지 마!'라는 표현이 승주를 놀리는 나쁜 아이들에게는 위협적이지 않고 오히려 더 재미있게 보였나 봐."

"맞아요. 제가 하지 말라고 할 때 걔네들이 오히려 '싫어. 난 계속 할 거야. 계속 하면 네가 어쩔 건데!' 하면서 비아냥거려요. 이제 무반응으로 대응해 볼래요. 그러면 저를 괴롭히는 행동이 소거될 수도 있겠네요?"

"그래, 하지만 무엇보다 담임선생님과 부모님에게 알리는 것이 중요해. 세상에서 누구보다 널 사랑하고 지켜 주실 분은 부모님이니까. 집에 가서 부모님에게 꼭 이야기했으면 좋겠구나. 알겠지?"

"네……."

진지하게 이야기를 나누던 승주의 마지막 대답은 영 신통치가 않았습니다.

공감적 이해와 진솔함

"선호야, 선율아, 얼른 일어나. 이제 내려야 해."

아빠와 승주가 이야기하는 동안 선호와 선율이는 잠이 들었습니다. 비몽사몽 상태로 아빠와 승주의 손에 끌려 일단 지하철에서 내렸습니다.

"잠도 깰겸 여기 조금 앉았다 가자."

아빠와 세 아이들은 잠시 의자에 앉았습니다.

"아빠, 승주랑 무슨 이야기 하셨어요?"

선호의 질문으로 네 사람의 대화가 이어졌습니다. 승주가 학교에서 몇몇 친구들에게 괴롭힘을 당하는 이야기를 시작으로 어떻게 대처해야 하는지 이야기가 오고 갔죠. 그러다가 아빠는 다시 한 번 강조했습니다.

"아까 승주에게도 얘기했지만, 선호와 선율이도 무슨 일이 생기면 꼭 아빠나 엄마에게 알려 줘야 해. 혼날까 봐 무서워서 이야기를 안 하면 나중에 너희들이 큰 어려움에 빠져도 아빠와 엄마가 도와줄 수 없어."

"그런데 어른들은 왜 그렇게 화를 내는지 모르겠어요."

선율이의 말에 선호와 승주도 고개를 끄덕입니다.

"그래, 나도 너희들 마음 이해해. 나도 어렸을 적에는 너희들이랑 똑같은 생각을 했거든."

"아빠가 우리 마음을 이해하신다면 오빠나 저에게도 화내지 말고 언제나 친절하게 말씀해 주셨으면 좋겠어요."

"아저씨도 화를 내셔? 아저씨는 사람 마음을 잘 아는 심리학자라서 안 그럴 줄 알았는데."

중간에서 난처해하는 아빠를 변호라도 하려는 듯 선호가 끼어듭니다.

"물론 우리 아빠가 화를 내실 때도 있지만, 화를 낼 때는 왜 화가 났는지 설명을 해 주셔. 그러면서 꼭 말씀하시지. '네가 싫은 것이 아니라 너의 그 행동이 싫은 것'이라고."

선호가 아빠 흉내를 내자 네 사람 모두 웃음이 터졌습니다.

"아저씨는 좀 다를 수도 있지만, 사실 우리를 이해해 주는 어른은 거의 없는 것 같아요. 틈만 나면 잔소리랑 비난을 퍼붓는 어른이 훨씬 많아요."

"승주가 그동안 어른들에게 많이 실망했나 보구나. 나도 강의나 상담을 하면서 부모님들을 만날 때마다 늘 당부를 하고 있단다. 아이들이 무슨 이야기를 하면 꼭 **공감적 이해**를 해 주라고 말이야. 공감적 이해란 상대방의 마음을 판단하지 않고 있는 그대로, 그 사람의 입장에서 이해를 해 주는 걸 말해."

"아저씨가 방금 '승주가 많이 실망했나 보네.'라고 하셨던 것처럼요?"

"그래, 맞아. 승주가 속상해하는데 만약 내가 '넌 왜 그렇게 쉽게 속이 상하니?', '아니 뭘 그런 것을 가지고 그렇게 생각해?'라고 하면 어떨 것

같아?"

"기분이 안 좋죠. 더 이상 말하기 싫어지고."

"사실 공감적 이해는 심리학자들이 상담을 할 때 갖춰야 하는 가장 기본적인 자세야. 그런데 꼭 상담자와 내담자 사이에만 해당되는 게 아니야. 마음을 주고받는 관계에서는 다 필요해. 상대를 판단하지 않고 있는 그대로 이해해 주는 공감적 이해는 자녀가 부모에게, 부부가 서로에게, 또 친구들이나 형제자매가 서로에게 바라는 자세라고 할 수 있어."

"맞아요. 저도 오빠가 저를 있는 그대로 이해해 주면 좋겠어요. 오빠는 제가 뭘 하든지 불만인가 봐요."

"야, 넌 안 그런 줄 알아? 나도 너한테 공감적 이해를 바란다고. 넌 맨날 그렇게 나한테만 해 달라고 하더라?"

"아저씨, 저 두 사람의 모습은 절대 공감적 이해가 아니죠?"

세 아이의 반응에 아빠는 씩 웃기만 하셨습니다. 그러고는 자리에서 벌떡 일어나셨어요.

"이제 잠이 다 깬 것 같으니 슬슬 걸어가 볼까?"

어느덧 지하철 역사 밖으로 나온 네 사람은 어스름이 깔리는 길을 걸어갑니다.

"아빠, 아까 선율이가 자기가 뭘 하든 제가 불만스러워한다고 말했잖아요. 그때 저는 어떻게 반응했어야 좋을까요? 그냥 선율이 입장에서는 그렇게 생각할 수 있겠다고 생각하면 되나요? 그럼 선율이가 너무 자기중심적인 사람이 되지 않을까요? 저도 어른들의 잔소리가 싫기는 하지만 한편으로는 그런 잔소리 때문에 친구들 사이에서 잘 지낼 수 있다고 생각해요. 그래서 선율이의 어떤 행동을 보면 걱정이 되어서 잔소리와 걱정을 안 할 수가 없어요. 또 선율이는 어떨지 모르겠지만 저는 부모님 잔소리에서 관심과 사랑을 느끼거든요. 사실 저를 사랑하지 않으면 저에게 화내실 이유도, 잔소리할 이유도 없는 거잖아요."

"와, 감동이다. 나도 오빠 같은 오빠가 있었으면 좋겠어."

"야, 우리 오빠 데려가. 그럼 알게 될 거야. 우리 오빠는 그냥 말만 번지르르하다고."

승주가 선율이에게 따끔하게 말합니다.

"넌 오빠에게 공감적 이해를 바란다고 하면서 왜 다른 사람 말에는 공감적 이해를 안 해 주니? 내가 보기에는 오빠 말이 맞는 것 같은데. 네가 받고 싶으면 너도 해야지."

선율이가 움찔합니다. 그 모습을 보고 선호와 아빠는 승주가 옳은 소리 한다며 맞장구를 칩니다.

"자, 모두 흥분을 가라앉히고. 우리는 누구나 상대에게 공감적 이해를 바라지. 하지만 이런 반응은 한편으로는 남처럼 느껴지기도 해. 한번 생각해 보렴. 지나가는 길에 어떤 아저씨랑 아줌마가 싸우는 것을 보면 '두 사람이 기분이 안 좋나 보네.' 하고 생각하겠지만, 자기 아빠와 엄마가 싸우면 과연 이렇게 태평하게 생각할 수 있을까?"

"예전에 아빠랑 엄마가 싸우신 적이 있는데, 너무 무섭고 슬프고 걱정이 되어서 제발 싸우지 말라고 소리치면서 울었어요."

"그래, 맞아. 나와 가까운 사람이라면 한 발짝 떨어져서 상황을 있는 그대로 보거나 그 사람의 입장에서 보기보다는 내 감정이 앞서게 돼. 어른들도 똑같아. 남의 집 자식이 슬퍼하거나 힘들어하면 '속상한 일이 있나 보네.' 하고 생각할 수 있지만, 자기 자식이 그러면 '왜 그래? 무슨 일이야?' 하면서 막 따지고 들면서 혼내거나 화를 내기 쉽지."

"그럼 어른들이 화를 내도 그냥 참고 있어요? 헷갈려요."

선호의 말에 아빠는 고개를 가로젓습니다.

"가까운 관계일수록 공감적 이해와 진솔함 사이의 균형을 맞추어야 해. 속상하고 화가 난다고 해서 공감적 이해를 던져 버리고 자신의 감정에 솔직하게만 반응해서는 안 되지. 먼저 상대의 감정을 있는 그대로 인정하고 이해한 뒤에, 자신이 얼마나 속상하고 걱정이 되는지를 진솔하게 전달해야지. 또 자신의 감정을 상대에게 진솔하게 전달하기 위해서 '너'가 아니라 '나'를 주어로 표현하는 것도 좋아."

"주어를 '나'로 하라는 말이 무슨 말이에요?"

"보통 다른 사람을 비난하거나 질책을 할 때 사람들은 '너'를 주어로 말할 때가 많아. 예를 들어 '너는 이게 문제야.', '네가 잘못했으니까 그렇지.', '너는 뭘 잘했다고 그러니?' 같은 표현들은 모두 공격적 표현이야. 이런 표현으로는 말하는 사람의 마음을 진솔하게 드러나게 할 수 없지. 오늘 하루 종일 선호와 선율이가 티격태격할 때 서로에게 사용했던 표현처럼."

순간 선호와 선율이는 창피함을 느꼈습니다.

"그러고 보니까 오빠랑 선율이가 싸울 때마다 아저씨가 했던 표현은 '나'가 주어였어요."

"그래, 승주가 아저씨가 한 말을 기억해 줘서 내가 아주 기분이 좋다."

"치, 나도 기억하고 있어요."

"저두요."

아빠는 두 아이를 쳐다보면서 흐뭇하게 웃었습니다.

"그래, 선호와 선율이도 알고 있다고 하니 나는 기분이 더 좋구나."

"아저씨 말씀에서 주어가 또 '나'예요. 그렇게 말씀하시니까 아저씨 마음이 훨씬 잘 느껴져서 저도 좋아요."

삶의 목적은 성공 아닌 성장

"아빠, '저는' 배고파요. '저는' 아빠가 오늘 사람여행 마지막 코스로 맛있는 짜장면을 사 주시면 좋겠어요. '저는' 아빠를 사랑해요. 이렇게 주어를 '나'로 표현하라는 거죠?"

"하하, 그래. 선율이가 아주 제대로 배웠구나. 그래, 내가 짜장면 쏜다."

세 아이는 뛸 듯이 좋아하며 동네 중국집으로 뛰어갔습니다.

선호와 선율이는 신이 나서 메뉴판을 펼칩니다.

"저는 짜장면이요!"

"탕수육도요!"

"그래, 우리 어린이들 몸과 마음이 모두 잘 성장하려면 잘 먹어야지."

승주는 잠시 망설이는 듯하더니 질문을 합니다.

"그런데 아저씨, 밥을 잘 먹으면 마음이 성장해요? 마음이 성장하면 뭐가 좋아요?"

"하하, 먹고 싶은 걸 잘 먹으면 행복함을 느껴서 마음도 더 건강하게 성장하겠지? 어른이 되면 몸은 성장을 멈추지만 마음은 평생 성장해. 마음이 계속 성장하는 사람은 즐겁고 행복하게 살 수 있어."

"몸이 성장하려면 잘 먹고 잘 자고 잘 쉬어야 하잖아요. 마음은 어떻게 해야 성장해요?"

"중요한 질문이야. 먼저 이것부터 생각해 보자. 잘 먹고 잘 자고 잘 쉰다에서 '잘'의 기준은 뭘까? 무조건 많이? 아니면 어른이 시키는 대로? 아니면 친구보다 더 많이?"

세 아이는 열심히 토론을 합니다. 여러 의견이 나왔지만 누구도 확실한 답을 알지는 못했죠.

"그래, 사람마다 모두 다르게 대답하겠지만 나는 균형이라고 생각해. 너무 적게 먹는 것도 너무 많이 먹는 것도 아닌, 균형을 잡고 먹어야 건강하게 잘 먹는 거 아닐까? 잠도 마찬가지야. 너무 적게 자도 너무 많이 자도 안 되겠지. 쉬는 것도 그래. 이건 다른 사람은 알 수 없단다. 먹는 것이나 자는 것, 쉬는 것 모두 어느 정도가 적당한지 스스로 결정해야 해."

"'잘'의 기준은 균형이라는 말이네요?"

"그렇지. 그럼 마음이 건강하게 성장하기 위해서는 어떤 균형이 필요할까?"

"제 생각에는 인간관계의 균형이 필요할 것 같아요. 인간은 사회적 동물이기 때문에 인간관계가 중요하잖아요. 친구랑 사이가 좋지 않으면 마음이 힘들고, 잘 지낼 수 있으면 마음이 편해지잖아요. 그러니 마음의 성장을 위해서는 친구관계가 중요한 것 같아요. '기쁨은 나누면 배가 되고 슬픔은 나누면 반이 된다.'는 말도 있잖아요."

선호가 먼저 이야기를 했습니다.

"그래, 선호 말처럼 아빠도 관계가 중요하다고 생각해. 그럼 무조건 친구에게 맞춰 주는 게 관계를 잘하는 것일까? 아니면 무조건 내가 하고 싶은 대로 해야 할까? 여기서도 균형을 잡아야 해. 상대의 의견과 감정도 존중해야 하지만 동시에 내 의견과 감정도 중요해. 친구들과 함께 있을 때 무조건 맞춰 준다면 당장은 친구가 좋아하겠지만 아마도 그 친구와 계속 가깝게 지내지는 못할 거야. 만약 친구가 나쁜 일을 제안하고 너희가 친구의 말을 무조건 따른다면, 너희들은 자기 의지와 상관없이 범죄를 저지르게 될 수도 있지. 아빠가 만났던 마음이 아픈 사람들 중에는 너무 상대에게 맞춰 주거나 너무 자기 생각만 하는 사람들이 많았어. 또 어떤 균형이 있을까?"

승주가 기다렸다는 듯이 대답을 합니다.

"하고 싶은 일과 해야 하는 일 사이에서 균형을 잡는 것도 중요하지 않을까요? 저는 사실 수학이나 국어 같은 공부에 흥미가 없어요. 지금은 혼나기 싫어서 공부를 열심히 하는 척을 하지만, 저는 사실 다른 공부를 하고 싶어요. 그렇다고 지금 학교를 그만둘 수도 없잖아요. 둘 사이에서 균형을 잡을 필요가 있어요."

"승주가 생각이 깊구나. 초등학교 4학년이 하기 힘든 생각인데 말이야."

아빠의 칭찬에 어깨가 으쓱해진 승주에게 선호가 묻습니다.

"승주야, 너는 무슨 공부를 하고 싶은데?"

"오빠, 난 지구온난화에 대한 공부를 하고 싶어. 작년에 우연히 지구온난화에 대한 다큐멘터리를 봤는데, 북극곰들이 살 곳이 없어지는 게 너무 슬펐어."

승주 표정이 어두워졌습니다. 정말 진지하게 지구온난화를 걱정하는 것 같았습니다.

"그래, 네 말처럼 지금은 하고 싶은 공부만 할 수는 없지. 네가 대학에 가서 원하는 공부를 하기 위해서는 우선 해야 할 공부를 하는 것이 필요해. 하지만 그렇다고 해서 지구온난화에 대한 관심을 끊을 필요가 있을까? 이것 역시 균형을 잡을 수 있어. 학교 공부에 신경을 쓰면서도 시간 나는 틈틈이 관련 다큐멘터리나 책, 인터넷을 통해 다양한 자료와 정보를 찾아 공부해 보면 어떨까? 그리고 그런 자료를 블로그 같은 곳에 정리하는 것도 좋겠지."

"아, 블로그! 왜 그 생각을 못 했을까요? 예전에 지구온난화에 대한 블로그를 본 적이 있는데, 그때 굉장히 좋았거든요. 저도 해 봐야겠어요."

새로운 목표가 생긴 승주는 흥분했고 아빠는 그런 승주를 보면서 흐뭇한 표정을 지었습니다.

"나도 가끔은 하루 종일 집에서 잠만 자고 싶을 때가 있어. 하지만 집안일도 해야 하고 또 선호, 선율이와 놀기도 해야 하잖아. 이 둘 사이에서 균형을 잡아야 해. 너희들도 해야 할 숙제와 하고 싶은 놀이 사이에서 균형을 잘 잡아야 하는 것처럼.

많은 사람들이 성공을 위해 살고 있단다. 남들보다 더 많이 공부하고, 남들보다 더 많이 돈을 벌고, 남들보다 더 좋은 학교에 진학을 하고, 남들보다 더 좋은 직장에 가는 것을 목표로 사는 사람들이 너무 많지. 내 삶의 주인이 되려면 남과 비교하지 말고 자기 안의 균형을 잘 찾는 게 중요해."

"오늘 아저씨 덕분에 정말 많은 것을 생각하게 됐어요. 감사합니다."

"그래. 아저씨도 승주랑 이야기 나눠서 즐거웠어. 선율이랑 둘이 앞으로도 좋은 친구로 지내면 좋겠구나. 선율이가 좀 덜렁거려도 승주가 옆에서 잘 도와주렴. 승주도 선율이에게 도움받을 일 있으면 말하고."

"네, 아저씨."

"아빠, 저도 오늘 좋았어요. 선율이랑도 좀 더 잘 지낼 수 있을 것 같아요."

"그래, 나도 즐거웠어. 사람이 사는 세상에서 무엇보다 중요한 것은 사람 아니겠니? 오늘 여행을 계기로 너희들이 사람에게 더 많은 관심을 갖고 서로를 배려하고 이해하며 살았으면 좋겠구나. 자, 음식이 나오네. 맛있게 먹자. 오늘의 여행은 이걸로 끝!"

"잘 먹겠습니다!"

용어 풀이

심리학 사람의 마음과 행동을 과학적으로 연구하는 학문.

심리학자 사람의 마음과 행동을 연구하고, 그 연구 결과를 사람들의 삶에 적용하는 심리학 전문가.

극대화자 모두가 인정할 만한 가장 좋은 선택을 해서 언제나 최고의 만족을 얻기 원하는 사람.

만족자 나름의 기준으로 최선의 선택을 하고 자기가 선택한 결과에 만족하는 사람.

준거 가격 할인되기 전 가격. 얼마나 많이 할인되었는지 소비자에게 알려 준다.

다수의 무지 다른 사람들은 모두 알고 있고 자신만 모른다고 생각해 침묵하는 현상. 그러나 다른 사람들도 모두 같은 생각을 하고 있기에 사실은 모두가 모르고 있는 상태.

동조 자신의 의견이 있지만 다른 사람의 의견과 행동을 따르는 현상.

3의 법칙 3명이 같은 의견을 제시할 경우 네 번째 사람은 그 의견에 쉽게 동조한다는 법칙.

심리검사 인간의 마음과 행동을 객관적인 숫자로 나타내기 위해 심리학자들이 만든 도구.

임상심리학 심리검사를 통해 사람의 마음을 평가하고, 그 평가를 바탕으로 사람들의 문제를 해결할 방법을 찾고, 이 과정에서 얻은 자료로 새로운 이론과 법칙을 만들어 내는 심리학의 한 분야.

상담심리학 사람들의 우울이나 불안 같은 정서적 문제를 해결하고 잠재력을 계발시킬 수 있도록 돕는 심리학의 한 분야.

산업 및 조직 심리학 기업에서 원하는 인재를 선발, 훈련, 배치하거나 조직에 속한 사람들의 마음과 행동을 이해하고 관리하기 위한 심리학의 한 분야.

범죄심리학 범죄 혹은 범죄자를 과학적으로 연구하는 심리학의 한 분야.

지능(IQ) 지적 능력. 원래는 집단 교육에 적합하지 않은 학생들을 걸러 내기 위해 고안된 개념이다. 심리학자들 사이에서도 지능의 정의에 대해 의견이 분분하다.

지능검사 지능을 측정하는 검사는 매우 다양한 종류가 있다. 전 세계적으로 심리학자들이 가장 많이 사용하는 검사는 웩슬러 검사. 지능검사 결과는 검사 당일의 컨디션이나 환경에 따라 오차가 있을 수 있기 때문에 보통은 정확한 점수가 아니라 점수가 속한 범위로 알려 준다.

ADHD(주의력 결핍 및 과잉행동 장애) 해야 할 일에 집중하지 못하고, 끊임없이 움직이거나 돌아다니는 정신장애.

우울증 대표적인 정신장애 중 하나로, 우울하고 처지는 기분이 들며 일상의 활동에서 흥미와 즐거움을 느끼지 못한다.

자폐증 자신만의 세상에 갇혀 있는 것처럼 보이는 정신장애. 다른 사람과 원활한 의사소통을 하거나 관계 맺기가 어렵다.

재활심리학 손상된 몸과 마음의 재활을 목적으로 하는 심리학의 한 분야.

환지통 절단되어 없어진 신체의 일부가 고통을 느끼는 현상. 신체는 없어졌지만 그 부분을 담당하는 뇌에서 통증을 느끼는 신호를 보내기 때문에 발생한다.

환각 존재하지 않는 자극을 인식하는 것. 시각의 경우 환시(환상), 청각은 환청, 촉각은 환촉, 후각은 환후, 미각은 환미라고 한다.

독심술 아무 근거나 이유 없이 직관만으로 사람의 마음을 읽고 알아내는 기술.

가설 과학자들이 자신들의 주장을 입증하기 전에 세우는 가정.

귀인 자신이나 다른 사람의 행동에 대한 원인과 이유를 찾으려는 심리 현상.

기본적 귀인 오류 어떤 행동의 원인을 성격으로 돌리려는 경향. 사람들이 흔히 저지르는 오류이기 때문에 기본적 오류라고 한다.

행위자-관찰자 편향 자기 행동의 원인은 환경 탓이지만 같은 행동을 다른 사람이 했을 때는 성격 탓을 한다는 오류.

사회적 촉진 혼자 있을 때보다 다른 사람과 같이 할 때 더 열심히 잘하는 현상.

관중 효과 다른 사람이 관중으로 자신을 지켜보고 있을 때 나타나는 사회적 촉진.

공통행동 효과 다른 사람이 나와 같은 일을 함께 할 때 나타나는 사회적 촉진.

사회적 저하 사회적 촉진과 반대 현상. 다른 사람이 지켜보고 있으면 평소 실력을 다 발휘하지 못하는 현상.

강화 어떤 행동을 더 자주 하게 만드는 것.

강화물 어떤 행동을 더 강화하기 위해 사용하는 것. 상금이나 칭찬 스티커.

처벌 어떤 행동을 덜 하게 하는 절차나 자극. 체벌이나 벌금.

소거 어떤 행동을 없애기 위해 그동안 주었던 강화물을 주지 않는 절차.

공감적 이해 상대방 감정을 공유하면서 그 입장을 이해하는 것.